教學指引

流傳文化事業股份有限公司

編輯大意

一、本指引依據華語課本分冊編輯，共十二冊，供教師教學參考之用。

二、本指引體例分為兩部分：

(一)單元導讀：在教學指引增列單元導讀，以感性的筆調，引導進入大單元的核心。

(二)各課教學指引包括：

1. **聆聽與說話**：以趣味的遊戲帶動孩子學習語文的興趣；再以課文情境圖讓兒童練習說話，最後選渡到概覽課本。

2. **閱讀與識字**：讓學生提出詞語，進行詞義、字形的教學。

3. **閱讀與寫作**：藉著課文的深究，對話的練習，形式的深究，讓學生明白句子的結構，文章的結構。

4. **教學資料庫**：提供了習作解答參考，及相關的語文補充資料，供教師參酌使用。

三、本書所提供的教學流程與方法，只作示例參考；教師可掌握教材內容及意旨，並根據當地學生年齡、程度、學生學習時間做調整。

四、本書的國字注意依據教育部編印的「國語一字多音審訂表」，筆順則依據教育部編印的「常用國字標準字體筆順手冊」編輯而成。

五、本書如有疏漏之處，尚祈各校教師提供寶貴意見，俾供修訂時參考，謝謝您。

全新版華語教學指引 第七冊

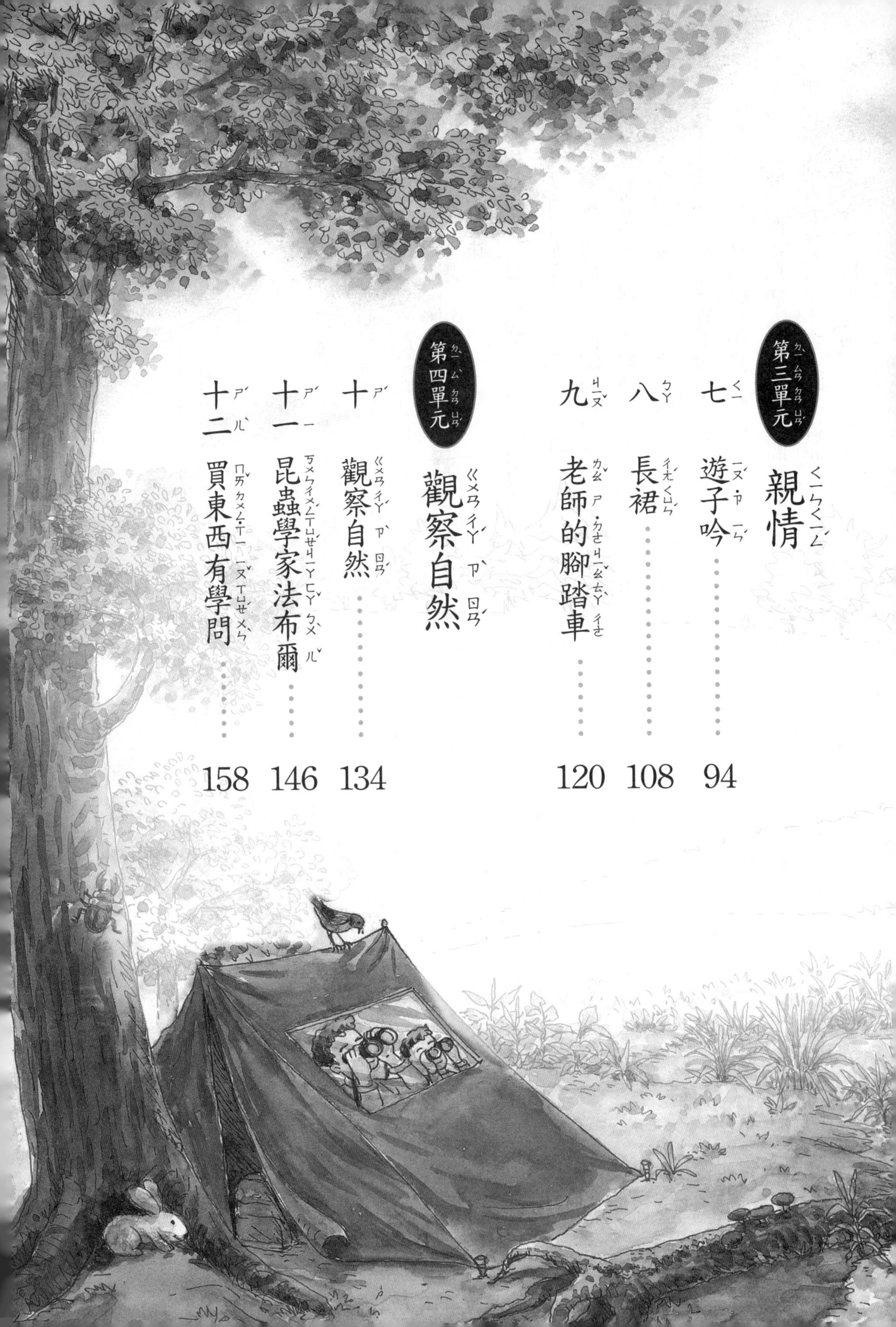

第三單元 親情

第四單元 觀察自然

總說

第一單元 幽默

幽默令人會心一笑，可以調侃自己，也可以化解尷尬，有時是機智的，有時針鋒相對。古今中外，幽默的話語總是讓人輕鬆，輕鬆之餘卻含著智慧的甘味。因此本單元分別以法國的幽默，中國的幽默，醫院的幽默，鋪陳文字語言帶來的趣味。

小偷和作家，以法國著名的作家巴爾札克爲主角，以他的想像力和小偷之間的對話呈現趣味的畫面，不但化解了小偷的窘境，也展現出作家的機智與鎮定。

趣味的文字，描述書法家酒醉後寫出「不可隨處小便」六個字，在酒醒後把六個字更動順序，與先前的意思迥然不同，中國文字的趣味在此可見一斑。

意料之外，描述病人和醫生的峰迴路轉的意外笑果，一答一問間，原以爲病人會依照醫生問話的內容回答，沒想到病人卻是要換醫生，讓人啼笑皆非。最後點出笑話之所以好笑，在於不按牌理出牌，而產生意外的效果。

一、小偷和作家

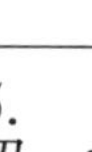
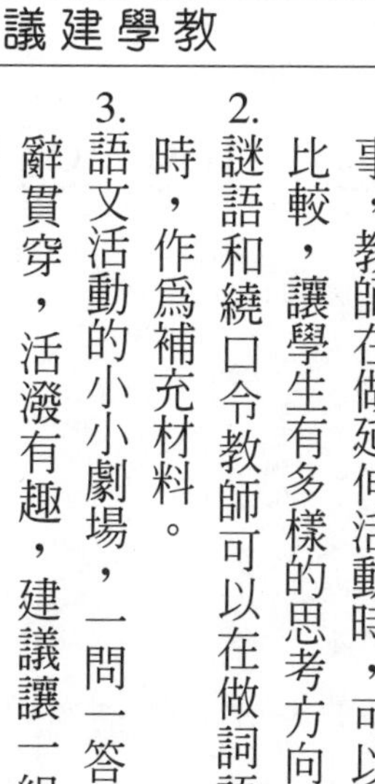

教材說明	教學重點	教學建議
1.本課是記敘文，描述作家巴爾札克既有想像力又幽默的趣事。 2.在語文活動，習作中，都是與小偷有關的趣聞。成一系列的統整活動。 3.詞語應用，提供造句示例。	1.似乎，何必兩個詞語的應用。 2.相似字的辨認：篇，騙，偏等。 3.習作提供認識各行業，經由句子描述，留空位塡寫相關語詞。 4.學習遞進句：不但……還……，承接句：而是……等句型的應用。 5.認識在三更半夜需要工作的行業。	1.教學資料庫中，提供一則也是善待小偷的故事，教師在做延伸活動時，可以將它和課文做比較，讓學生有多樣的思考方向。 2.謎語和繞口令教師可以在做詞語或生字教學時，作爲補充材料。 3.語文活動的小小劇場，一問一答中，以頂眞修辭貫穿，活潑有趣，建議讓一組一組學生表演。 4.補充資料庫提供笑話，教師可提供給學生參考。也可以鼓勵學生收集笑話，並加以分析該則笑話好笑的原因。

二、趣味的文字

教材說明

1. 本課是記敘文，描述書法家于右任先生喝酒寫字的趣聞，表現出主角的幽默。
2. 從課文中發現中國文字變化的巧妙。
3. 重要句型，
   並列句：不是……也不是……。
   遞進句：很……更……。
   因果句：既然……也……。
4. 認識回文詩句。

教學重點

1. 習作中練習習寫關於收藏物品的短文。
2. 引用名言或俗語的修辭：如活到老學到老的于右任先生。
3. 學習句子可以因爲唸法不同產生不同的意思和效果。
4. 認識相似字：如：湖、鬍、胡等。

教學建議

1. 關於短文習寫，先經由討論再書寫，比教容易下筆。
2. 小小劇場所要表達的是因爲斷句而起的不同效果，可以讓學生討論其中的變化。
3. 有的回文詩相當長也相當複雜，補充資料中的詩可以先提一或二句說明即可。

三、意料之外

教材說明

1. 本課是議論文，說明笑話產生效果的原因。議論文結構認識，從事例中說明一個道理或是原因。
2. 本課課文以醫生和即將過世的病人之間的對話，作爲議論文的舉證，最後再說出不按牌理出牌是笑話好笑的因素。
3. 語文活動和習作都提供和笑話有關的文章，組成一系列的統整學習。

教學重點

1. 認識議論文的結構及寫法。
2. 學習描述動作的句子。
3. 認識笑話並能分析笑話產生的原因。
4. 認識相似字：如抖、料、斜等字。
5. 學習用相反的詞語造句。

教學建議

1. 教學資料庫中提供四則笑話供老師作補充。除此之外，教師可指導學生從講義雜誌或是讀者文摘中收集各式各樣的笑話做爲補充。
2. 謎語是針對本課生字而設計，教師也可以從不同角度讓學生設計謎語。
3. 繞口令部分，可以把姓氏（嚴）改成學生的姓氏，以提高學習效果。

第一課 小偷和作家

一、聆聽與說話

引起動機

㈠語文遊戲：跟著想像力跑一跑。

1. 老師出題一：雨傘有多少用途？

題二：怎樣畫出一個圓？

①分組比賽，答案最多的一組獲勝。

②各組上台補充說明。

③雨傘用途參考：擋雨，擋風，裝水，接東西……。

④畫圓的方法：圓規，用輪胎，拿一個碗……。

講述大意

㈠概覽課文：以默讀方式瀏覽課文一遍。

㈡提問問題以歸納大意：利用問題，指導學生歸納每一段的大意。

1.巴爾札克是哪一國的作家？

2.巴爾札克的想像力表現在哪裡？

3.巴爾札克怎樣面對小偷？

㈢內容大意：綜合各段的段落意思，說出全課的內容大意。

巴爾札克是法國作家，想像力很豐富，能寫出一篇篇好文章和想像出畫框內有各種的畫。小偷到他家偷東西，他用開玩笑的方式讓小偷離開。

二、閱讀與識字

詞語教學

㈠學生課前預習，畫出新詞，並查字典，了解新詞意思。

㈡學生上課時提出新詞，老師請學生試念，並指導正確的發音和寫法。

㈢老師詢問學生對詞語的了解，若有特殊的生字，也加以指導。

㈣詞義教學：

1.小偷：沒有告訴別人而拿走別人的東西。

例句：那個人已經不當小偷了。

2.巴爾札克：法國十九世紀的作家，作品寫實，刻畫出當時法國社會各種現象。（見教學資料庫）

例句：爸爸喜歡巴爾札克寫的文章。

3.豐富：很多很充足的意思。

例句：王教授學識豐富，我常向他請教問題。

4.似乎：好像，表示猜測。

例句：天陰陰的似乎要下雨了。

5.碰到：遇見的意思。

例句：我昨天在超市碰見李老師。

6.稿紙：用來寫作的紙，畫有格子。

例句：有的人用稿紙寫作去投稿，有的人用電子信箱寄稿件。

7.一篇：量詞。篇：指書籍或者是首尾完整的詩文。

例句：一篇優美的文章，就像是一幅好看的畫。

8.畫框：把畫裝置起來的物品。框：門窗等物品的四周架子。

例句：畫框裡的水彩畫是爺爺留下來給爸爸的紀念品。

9.隨時：不論什麼時間。

例句：歡迎你隨時來我家玩。

10.抽屜：桌子櫃子等家具所裝的盒子，可以裝東西。

例句：不論在哪裡，都不能開別人的抽屜。

11. 三更半夜：形容深夜。

例句：爸爸加班到三更半夜才回家。

12. 關：緊閉的意思。

例句：老師要我們隨手關燈。

13. 何必：為甚麼一定要的意思。

引導：何必和何苦有相同的意思。但是何苦語氣比較重。

例句：你何必為這點小事生那麼大的氣？

14. 防盜：搶劫財物的意思。盜：竊，偷的意思。

例句：為了防盜，我家設置保全設備。

15. 擋風：把風遮蔽住。擋：遮蔽或是攔阻的意思。

例句：窗戶破了，擋不住寒風。

生字教學

1. 學生課前預查字音、字意、部首。並寫在A本習作上。
2. 本課生字：

①習寫字：

偷（人）部 克（儿）部 豐（豆）部 富（宀）部 碰（石）部

稿（禾）部 篇（竹）部 隨（阜）部 抽（手）部 關（門）部

必（心）部 防（阜）部 盜（皿）部 擋（手）部

②認讀字：爾（爻）部 札（木）部 屜（尸）部

3.辨別特殊字

(1)當、擋、檔、噹都有ㄤ韻，含「當」字的結構。

當：當然不去。

擋：擋風玻璃。

檔：學習檔案。

噹：響叮噹。

(2)搞、稿、槁都有ㄠ韻，含「高」字的結構。

搞：搞笑。

稿：投稿。

槁：樹枝枯槁。

(3)遍、偏、篇、編、騙都有ㄢ韻，含「扁」字的結構。

遍：遍地落葉。

偏：偏左邊。

篇：一篇文章。

編：編寫小說。

騙：騙術。

(4)房、防、妨、芳都有尢韻，含「方」字的結構。

房：套房。

防：預防針。

妨：妨礙。

芳：芬芳。

方：方方正正。

(5)盜：是三點水加欠，常誤寫為「次」。

三、閱讀與寫作

內容深究

(一)提出問題，師生共同討論：

1. 文章理解的問題，參考前面歸納大意的問題。

2. 情意擴展的問題：

①你覺得巴爾札克是一個怎麼樣的人？

②如果你也有一個空的畫框，你會想像裡面會是什麼畫？

③巴爾札克面對小偷時，他怎樣處理？

④如果你是巴爾札克，你還會跟小偷說什麼？

3. 文意探索的問題：

①眞的只要筆一碰到紙，就能寫出一篇篇的文章嗎？爲什麼？

②巴爾札克家的畫框裡爲什麼是空的？

③小偷爲什麼一聽到巴爾札克的話就要走了？

④巴爾札克爲什麼說門是用來擋風，而不是用來防盜的？

⑤巴爾札克的家有錢嗎？從哪裡可以看出來？

形式深究

㈠文體說明：

本課是記敘文。描述巴爾札克是一位想像力豐富的作家，有一次小偷到他家偷東西，他用了有趣的方式讓小偷離開。

㈡段落安排：

1. 第一小段：巴爾札克是法國作家。
2. 第二段：巴爾札克想像力很豐富。
3. 第三段：小偷和巴爾札克的對話。

㈢ 結構分析：

全文
- 原因─第一段巴爾札克是法國作家。
- 經過─第二段巴爾札克想像力很豐富。
- 結尾─第三段巴爾札克和小偷的對話。

本篇文章以巴爾札克爲主角，用想像力和風趣鋪陳文章，藉著小偷來去間的對話，刻畫出主角的幽默性格。

㈣ 主旨說明：

想像力是創作的動力，而風趣讓生活更豐富。

㈤ 修辭說明：

1. 遞進句：

「……不但……還……」：巴爾札克發現有一個小偷正在翻他的抽屜，他不但不害怕，還哈哈大笑。

老師看見小中打破玻璃，不但沒有罵他，反而先看看他有沒有受傷。

「……連……」：我在白天翻了好久，連一毛錢都找不到，三更半夜你能找到什麼？

2.承接句：

「而是」：那不是用來防盜的，而是用來擋風的。

這不是拿來吃的，而是要畫畫用的。

「似乎……」：他的想像力很豐富，似乎只要筆碰到稿紙，就能寫出一篇篇的好文章。

他一句話也不說，似乎遇到了很大的困難。

3.說話動作的描寫：笑嘻嘻的說：「我只要想像一下……」

哈哈大笑的說：「我在白天翻了好久……」

四、教學資料庫

語文補充

(一)鄭板橋趕小偷的故事：

清朝有一個名畫家叫鄭板橋。有一天夜裡，他發現有個小偷溜進屋裡，他就隨口唸出兩句詩：「細雨濛濛夜沈沈，樑上君子進我門。」小偷聽見很害怕，就不敢動了。

鄭板橋又念：「腹內詩書存千卷，床頭金銀無半文。」

小偷聽了趕忙出門。鄭板橋又說：「出門休驚黃尾犬。」

小偷正想翻牆出去，又聽見：「越牆莫損蘭花盆。」

於是小偷趕緊避開蘭花，跳下地。這時屋裡又傳出：

「天寒不及披衣送，趁著月亮趕豪門。」

㈡兒歌：

1. 瞎子唱歌

瞎子開口唱兒歌，聾子聽見笑呵呵，瞎子跑去拿銅鑼，銅鑼撞上哥哥的耳朵，痛得沒奈何，連聲大叫喲喲喲。

2. 小皮球

小皮球圓又圓，受屈自還原，

一生碰硬不碰軟，氣力強時跳上天。

㈢小笑話：

1. 媽媽：小明，你為什麼又偷吃餅乾？

小明：沒有啊！

媽媽說：還說沒有，餅乾屑還留在你嘴角上呢！

小明說：媽媽騙人，我吃後不但擦了兩次嘴，還去照過鏡子呢！

2. 有一個小偷被抓到，有人問他：你做了什麼事？

小偷說：真倒楣，我在街上走，看到一條草繩，我只是把它撿起來而已。

問的人又說：

這樣應該不會被抓起來。小偷說：繩子另一頭有一隻小小牛兒。

3. 有一個富貴公子，早晨出門，看見一個窮人挑著擔子，臥在地上。他問人：這人爲什麼躺在地上？有人說：因爲沒飯吃，肚子餓，倒在地上休息一下。公子說：既然沒吃飯，爲什麼不吃一碗人參湯再出門呢！

(四) 新詩：

1. 筆　蔣勳

好像是我長出的一根手指頭，
所以我總覺得
你應該流出紅色的血液，
而不是這黑色的墨汁。

2. 生命總是美麗的　汪國眞

憂愁時，就寫一首詩，
快樂時，就唱一支歌，
無論天上掉下來的是什麼，
生命總是美麗的。

3. 竹　渡也

我抬頭挺胸，
罰站了幾十年，
腰酸背痛
關節也發炎，
多想躺下來……
偏偏古人都誇獎我，
說我是硬漢……
其實竹子就是竹子，
我就是我，我懶的站立。

(五) 繞口令：

老顧會種樹，老杜會養兔，老顧致富靠種樹，老杜致富多養兔。
老杜老顧不停步，養兔種樹，種樹養兔，富上加富，日子越過越富。

(六) 猜一猜：

1. 十個哥哥（克）
2. 心被打一下（必）

3. 由左手開始（抽）
4. 高高的稻子（禾）
5. 方先生的耳朵（防）
6. 當然是手（擋）
7. 我並不是石頭（碰）
8. 壓扁的竹竿（篇）
9. 俞先生抓人（偷）

(七) 巴爾札克介紹

法國小說家巴爾札克曾經寫過一部寫實主義小說人間喜劇，其故事內容便是取材自當時巴黎上流社會的各種萬象及風俗形貌的展現。透過小說，我們得以窺見到當時十九世紀的法國是如何地經歷了各種新舊交替的消長與轉變。巴爾札克對人物的描述更有其獨到的功夫。其他短篇作品相當著名。

解答參考

(一) A本習作：

1. 看圖寫文字
   (1) 一口銅製的鐘。
   (2) 小偷要搬走鐘。

(3)小偷把鐘敲響。
(4)小偷摀住耳朵，大家圍在他身邊。
2.把錯字改為對的字：
(1)(篇) (2)(翻) (3)(防) (4)(擋) (5)(偷)
(6)(稿) (7)(何)

(二)
B本習作：
1.填一填：填上國字。
(1)(豐富) (2)(篇) (3)(抽 稿) (4)(離開 關) (5)(必)
(6)(擋) (7)(碰)
2.選一選
(1)作家 (2)畫家 (3)音樂家 (4)舞蹈家 (5)攝影家
(6)美食家
3.閱讀測驗
(2)想一想：
輪值的醫生或護士
開貨車的司機
加油站的員工

第二課 趣味的文字

一、聆聽與說話

引起動機

㈠語文遊戲：繞口令

1.老師出題（參考教學資料庫）寫在紙上或是黑板上，蘇鬍子，酒鬼喝酒。

2.上台讀繞口令，錯最少的獲勝。

㈡語文對話：復習前一課語文活動的對話練習。

講述大意

㈠概覽課文：以默讀方式瀏覽課文一遍。

㈡提問問題以歸納大意：利用問題，指導學生歸納每一段的大意。

1.書法家有哪些地方吸引人？

2.書法家在酒後寫了什麼字？

3. 書法家怎樣修改酒醉時寫的字？

4. 這位書法家是誰？

㈢ 內容大意：綜合各段的段落意思，說出全課的內容大意。

有位書法家鬍子和字都很吸引人。有一次因為喝醉了，寫出不可隨處小便的字送人，酒醒以後改成小處不可隨便，他就是于右任先生。

二、閱讀與識字

詞語教學

㈠ 學生課前預習，畫出新詞，並查字典，了解新詞意思。

㈡ 學生上課時提出新詞，老師請學生試念，並指導正確的發音和寫法。

㈢ 老師詢問學生對詞語的了解，若有特殊的生字，也加以指導。

詞義教學

1. 鬍鬚：長在嘴邊和兩鬢的髮毛。

例句：爺爺的鬍鬚又白又長。

2.吸引：把力量，物體或是注意力轉移到某一方面。
例句：一到街上，妹妹就被各種廣告吸引了。
引導：讓學生發表最吸引人的人事物。（如玩具、歌星、及裝飾物）
3.收藏：把東西收起來並放好，含有很珍惜的意味。
例句：我的抽屜裡收藏每一年出版的郵冊。
引導：讓學生發表家人喜歡收藏的東西。
4.傳家之寶：家庭中一代傳一代的物品。寶：珍貴的物品。
例句：爺爺說：最好的傳家之寶是給子孫留下幾本好書。
引導：讓學生發表享用哪一種東西當傳家之寶最有意義。
5.喝酒：用米穀或是水果做原料，經由發酵而成的飲料，含有酒精。
例句：喝酒不開車，開車不喝酒。
引導：讓學生發表所知的酒及喝酒的危險性。
6.紀念：用事物或行動對人或事表示懷念。
例句：這張照片給你做紀念吧！
引導：讓學生思考發表特別紀念的日子和人物。
7.醉意：喝酒後精神不太清楚的情形。
例句：他只聞到酒味，就覺得有醉意。
8.小便：動物經由排泄器官排出的液體。

例句：下課了，快去小便，才不會讓膀胱出問題。

9.酒醒：從酒醉裡清醒過來。

例句：酒醒以後，爸爸已經忘記他說過什麼話了。

10.剪刀：用來弄段物體的工具。

例句：他拿剪刀剪斷繩子。

11.活：生存，有生命的意思。

例句：活著就有希望，不要難過。

12.于右任：書法家。民國初年的名人，擅長書法。

生字教學

1.學生課前預查字音、字義、部首。並寫在A本習作上。

2.本課生字：

①習寫字：

鬍（髟）部　鬚（髟）部　吸（口）部　藏（艸）部　寶（宀）部

酒（酉）部　醉（酉）部　便（人）部　醒（酉）部　剪（刀）部

任（人）部　既（无）部

②認讀字：

于（二）部

3.辨別特殊字。

(1)酒、醉、醒三字都是酉部。

酒：喝酒。

醉：酒醉。

醒：睡醒。

(2)湖、蝴、糊、鬍都讀做胡的音。

湖：湖水。

蝴：蝴蝶。

糊：麵糊。

鬍：鬍鬚。

三、閱讀與寫作

內容深究

(一)提出問題，師生共同討論。

1.文章理解的問題，參考前面歸納大意的問題。

2.情意擴展的問題：

①你覺得書法家是一個怎樣的人？
②什麼是傳家之寶？你會用什麼當傳家之寶？
③作者怎樣形容書法家？爲什麼這樣形容？
④如果是你收到不可隨處小便的字，你會怎麼做？
⑤如果你寫錯了字，你會怎麼改？

3.文意探索的問題：

①書法家的外型有什麼特色？
②爲什麼許多人喜歡收藏書法家的字？
③小處不可隨便和不可隨處小便有什麼區別？
④小處是指哪些地方？
⑤說出一個小處不可隨便的例子。
⑥書法家爲什麼會寫出不可隨處小便的字？
⑦作者怎樣形容主人收到字以後的心情？
⑧爲什麼要用活到老學到老形容書法家？
⑨你還會用什麼詞來形容這一位書法家？

形式深究

㈠文體說明：

本課是記敘文。描述于右任先生巧妙的把酒後寫的不可隨處小便，重新排列出一句好話：小處不可隨便。

㈡ 段落安排：

1. 第一段：書法家吸引人的地方。
2. 第二段：作客喝酒後，寫了不可隨處小便六個字。
3. 第三段：酒醒以後，改變字的排列，成爲小處不可隨便。
4. 第四段：書法家是于右任先生。

全文
- 原因—第一段：書法家的書法常受人收藏。
- 經過—第二段：在酒後寫了不可隨處小便六個字，讓收藏的人很爲難。
- 再說：第三段：書法家重新排列字的順序。
- 結尾—第四段：書法家是于右任先生。

㈢ 結構分析：

本篇文章以六個字——「小處不可隨便」爲主線，以書法家的鬍子作襯托，喝酒作媒介，鋪陳一段

有趣的故事，同時也敍寫出中國文字的巧妙。

(四) 主旨說明：

文字順序的改變，傳遞出不同的訊息，字序變而意跟著變，非常巧妙有趣。

(五) 修辭說明：

1. 遞進句：

白白長長的鬍子很吸引人，更吸引人的是他所寫的字。

甜甜酸酸的草莓很好吃，更好吃的是媽媽炸的甜甜圈。

2. 因果句：

「既然……也……」：既然字也寫好了，也不便重寫。

「因爲……」：因爲有一些醉意，竟然寫了小處不可隨便六個字。

因爲有些麻煩，所以就不去她家了。

3. 並列句：

「也……也……」：說好也不是，說不好也不是。

想笑也不是，想不笑也不是。

4. 引用法：這位書法家就是活到老學到老的于右任先生。

她就是鼎鼎有名的舞蹈家——林懷民。

四、教學資料庫

語文補充

(一) 笑一笑：

1. 一個瞎子，一個矮子，一個駝背的人，搶著要喝酒爭座位。
他們都說：誰能說大話的，就做頭一位。
瞎子說：我目中無人，該我坐。
矮子說：我不比長（常）人，該我坐。
駝子說：不要爭，算來你們都是直背（侄輩），自然是該讓我坐。

2. 甲乙兩人要合夥製造酒，甲說：你出米，我出水。乙說：米是我的，如何算帳？甲說：我絕不貪心，酒製造好了，水的部分還給我就可以，其他的都算你的。

3. 小明說：天下甚麼東西最利？
曉華說：鬍鬚最利。
小明說：爲什麼？
曉華說：不管臉皮有多厚，它都鑽的出來。

㈡繞口令：

1.蘇鬍子。

蘇州有個蘇鬍子，湖州有個胡鬍子。

蘇州蘇鬍子家有把鬍梳子。

湖州胡鬍子向蘇州蘇鬍子借梳子梳鬍子。

2.酒鬼喝酒。

九月九，九個酒鬼去喝酒。九個酒鬼九杯酒，九個酒鬼喝九口。喝罷九口酒，又倒九杯酒。九個酒鬼齊端酒，咕咚咕冬又九口，九杯酒，酒九口，喝得九個酒鬼醉了酒。

㈢兒歌：

1.小貓小貓快樂多，吃飽了飯，咪嗚咪嗚唱山歌。桌上看見一隻泥老虎，摸摸鬍鬚叫哥哥。

2.寶塔高掛鐮刀，鐮刀快割韭菜，韭菜長割三行。韭菜短割兩碗，公一碗，婆一碗。

㈣諺語：

聲聲叫好，石頭變寶。

(五) 猜一猜：

舌頭滴出水（活）。

(六) 佳句：

1. 有爹有娘金和寶，無爹無娘亂稻草。

2. 明月幾時有，把酒問青天。

(七) 古體詩：

1. 寒夜　唐　杜小山

寒夜客來茶當酒，竹爐湯沸火初紅，

尋常一樣窗前月，才有梅花便不同。

2. 于右任的詩。

萬里江山酒一杯，低迴海上成功宴，

不容青史盡成灰，不信青春喚不回。

3. 江南春　唐　杜牧

千里鶯啼綠映紅，水村山郭酒旗風，

南朝四百八十寺，多少樓台煙雨中。

㈧回文詩：

回文詩是回文體中的一種。所謂的回文是利用漢字字序自由靈活的特點，刻意追求字序回繞的一種文體。這種文體，同一語句可以順讀，也可以倒讀。回文詩乃中國文藝精妙之一，特點是不論把詩句由頭向尾，抑或由尾向頭讀，也是一樣意思。所謂回文詩有很多種，但是共同的特色就是：不管正著唸、倒著唸，都是首有意義的詩句。

蘇軾的七言律詩題金山寺：

潮隨暗浪雪山傾，遠浦漁舟釣月明。
橋對寺門松徑小，檻當泉眼石波清。
迢迢綠樹江天曉，靄靄紅霞晚日晴。
遙望四邊雲接水，碧峰千點數鷗輕。

把它倒轉過來讀，也是一首完整的七言律詩：

輕鷗數點千峰碧，水接雲邊四望遙。
晴日晚霞紅靄靄，曉天江樹綠迢迢。
清波石眼泉當檻，小徑松門寺對橋。
明月釣舟漁浦遠，傾山雪浪暗隨潮。

解答參考

(一) A本習作：

1. 詞語練習

人物	收藏品	收藏情形、怎樣擺、怎樣愛惜、怎樣看
爸爸	雕刻品的項目：人物的、動物的……	擺在書桌上，常常擦灰塵，常常就拿起來看。
媽媽	郵票的種類：鳥類的、古蹟的……	放在書架上，擺得整整齊齊，有空就一本一本翻著看，一邊看一邊點頭。
妹妹	撲克牌的種類：人物的、昆蟲的、字母的、植物的……	藏在抽屜裡，同學來的時候，才會拿出來玩。

2. 再利用上面表格的內容寫成小短文

例如：

媽媽有一本一本的集郵冊，整整齊齊站在書架上。媽媽一有空，就會拿出來翻，她仔細的看每一張郵票，遇到特別喜歡的就會喊我過去看，介紹裡面的內容，每一次她都說的神采飛揚，真叫人羨慕。

妹妹有各式各樣的撲克牌，像飛機上提供的，或是爸爸買給她的恐龍撲克牌，外婆送給她的昆蟲撲克牌……，形形色色，內容豐富。

平常妹妹都把撲克牌藏在抽屜裡，不讓我們看。只有同學來我家，妹妹才會拿出來，她一盒一盒的拆

開，每一種都讓同學發出驚訝的讚美聲，這時候，妹妹就開心的不得了。

㈡B本習作：

1. 閱讀測驗

(1)（坡的意思）（滑的意思）

(2)（波是土的皮，水的骨叫做滑）

(3)（讓蘇東坡自己發現錯誤）

第三課 意料之外

一、聆聽與說話

引起動機

㈠ 語文遊戲：說笑話

1. 老師先說一個笑話（參考教學資料庫）：

①分組說笑話

②選出認爲最好笑的笑話

2. 事先預告收集笑話。

㈡ 語文對話：複習前一課語文活動的對話練習。

講述大意

㈠ 概覽課文：以默讀方式瀏覽課文一遍。

㈡ 提問問題以歸納大意：利用問題，指導學生歸納每一段的大意。

1. 醫生認爲病人的病已經怎樣？
2. 醫生問老人什麼問題？結果老人怎麼回答？
3. 爲什麼老人會這樣說？
4. 笑話好笑的原因在哪裡？

㈢ 內容大意：綜合各段的段落意思，說出大意。
醫生跟病人說他已經沒有治好的希望，問他最想見什麼人，病人說他最想見另外一位醫生，讓人覺得老人的話不按牌理出牌，產生好笑的結果。

二、閱讀與識字

詞語教學

㈠ 學生課前預習，畫出新詞，並查字典，了解新詞意思。
㈡ 學生上課時提出新詞，老師請學生試念，並指導正確的發音和寫法。
㈢ 老師詢問學生對詞語的了解，若有特殊的生字，也加以指導。

詞義教學

1. 意料：推想猜測的意思。意料之外就是沒有想到的意思。

例句：他突然放棄比賽，真是讓人意料不到。

2. 病重：指身體狀況很危急的意思。

例句：王先生在病重時，遇到一位好醫生救活了他。

3. 醫生：替人治病的人。

例句：他是眼科醫生，他妹妹是皮膚科醫生。

引導：讓學生說說看醫生的經驗。

4. 隱瞞：把眞實情況藏起來，不讓人知道。

例句：告訴我眞相，別再隱瞞我！

5. 巡房：護士醫生到病房查看病人。

例句：病人問巡房的醫生哪一天能出院。

6. 嚴重：事情危急的意思。

例句：他的病情漸漸嚴重，大家都很難過。

7. 詢問：查問打聽的意思。

例句：醫生正在詢問病患的飲食情形。

8. 虛弱：身體衰弱沒有力氣。

例句：他的身體虛弱，需要好好休息。

9.呑：東西沒咬碎就呑下去。
例句：他呑不下太大顆的藥丸。
10.本來：原有，原先的意思。
例句：這一部車本來的顏色是黑色的。
11.臨終：指人將要死去。
例句：他臨終前向自己的太太說：「謝謝你照顧我」。
12.不按牌理出牌：沒有按照規則或是程序的意思。
例句：有時候不按牌理出牌，反而得到更好的成績。
13.產生：出現，生出新的事物。
例句：這一個城市曾經產生過不少詩人。
14.效果：因爲某種力量或做法產生的結果。
例句：用這個辦法趕蚊子效果不錯。

生字教學

1.學生課前預查字音、字義、部首。並寫在A本習作上。
2.本課生字：
①習寫字：
料（米）部　醫（酉）部　隱（阜）部　瞞（目）部　巡（辵）部

詢（言）部 虛（虍）部 吞（口）部 另（口）部 臨（臣）部

段（殳）部 牌（片）部 產（生）部 效（攴）部

②認讀字：嚴（口）部 治（水）部 顯（頁）部

3.辨別特殊字：

(1)抖、料、科、斜都含有斗字的結構，但是讀音並不同。

抖：發抖。

料：預料。

科：科學。

斜：一抹斜陽。

(2)效、跤、校、較都是ㄠ韻，含有交字的結構。

效：效果。

跤：跌一跤。

校：學校。

較：計較，比較。

(3)牌字左邊是片，不是爿，容易弄錯。

效字左邊是交，右邊是攵不是郊外的郊。

三、閱讀與寫作

內容深究

(一) 提出問題，師生共同討論：

1. 文章理解的問題，參考前面歸納大意的問題。

2. 情意擴展的問題：

①如果你是醫生，你會怎樣告訴病人已經沒有辦法醫治的病情？

②如果你是那位老先生，你最想見什麼人？

③醫生聽到病人要見另一個醫生，會覺得怎樣？

④你曾經看過不按牌理出牌的事情嗎？？

3. 文意探索的問題：

①爲什麼醫生問病人是否想見自己的親人？

②老人爲什麼想見另外一個醫生？

③從哪裡可以看見老人的病很嚴重？

④爲什麼老人說的話叫做不按牌理出牌？

⑤你認爲笑話所好笑的原因在哪些地方？

形式深究

㈠ 文體說明：
本課是議論文。醫生和病人之間的對話為說明，闡述笑話好笑的原因在於不按牌理出牌，出乎人意料之外。

㈡ 段落安排：
1. 第一小段：醫生認為不需要再跟老人隱瞞病情。
2. 第二段：醫生問老人想見什麼人。老人想見另外一位醫生。
3. 第三段：說明老人想見另外一個醫生的原因。
4. 第四段：笑話好笑的原因在於答案出乎人的意料之外。

㈢ 結構分析：

全文
- 原因—第一段：老人已經沒有救了。
- 經過—第二段：醫生問病人想見什麼人，病人說想見另外一位醫生。
- 再說—第四段：說明老人為什麼會這樣說。
- 結尾—第五段：說明笑話好笑的原因。

文章角色有兩個，醫生和病重的老人，在有一些雞同鴨講的意味中，呈現老人的不信任和求生的意志，而另一方面則造成醫生的難爲情，原以爲老人一定最想見自己的親人，卻出乎意外的要見另一位醫生，展現了笑話的效果和張力。

(四) 主旨說明：

好笑的笑話在於出乎人的意料之外，造成會心一笑的效果。

(五) 修辭說明：

1. ……即將……

一位病重的老人即將死去。

在你即將離開人世以前，……

2. 接著

接著，他用幾乎聽不到的聲音說……

接著，他把身上的東西都送出去。

3. 本來

本來，醫生以爲老人會在臨終前見見他的家人。

本來，我已經準備出國讀書了。

4. 但是

但是老人認為他的病還有希望。

但是，事情和我們所想的不一樣。

5. 所以

笑話所以好笑，就是事件不按牌理出牌。

白飯所以好吃，就是因為肚子很餓了。

6. 形容動作的句子：

虛弱的老人點了點頭……

慢慢的吞了口水說……

他用幾乎聽不見的聲音說……

四、教學資料庫

語文補充

(一) 念兒歌：

小花貓，本領高，捉老鼠，真勤勞。

白天躺著好睡覺，到了晚上精神好。

㈡成語補充：

1. 呑呑吐吐
2. 呑雲吐霧
3. 臨陣磨槍
4. 臨渴掘井
5. 臨機應變
6. 病從口入，禍從口出

㈢繞口令：

山前有個嚴圓眼，山後有個圓眼嚴。
兩人山前來比眼，不知是嚴圓眼的眼圓，
還是圓眼嚴的眼圓。

㈣猜謎語：

1. 兩口朝天，一横中間，再加一撇，勇敢萬千（嚴）
2. 一大口（呑）
3. 一片卑微的心（牌）
4. 十天說一句話（詢）

5.用力咬一口（另）
6.一斗米（料）

(五)笑一笑：
1.醒來吧！
護士：醒一醒，醒一醒。
病人：別吵，我在睡覺。
護士：你該起來吃安眠藥。
2.我只有四十五歲。
甲說：你為何愁眉苦臉？
乙說：醫師說我身體很健康，不像六十歲的樣子。
甲說：那你應該高興才對。
乙說：可是我只有四十五歲。
3.拔牙。
甲說：你為何摀住臉？
乙說：我剛剛拔了兩顆牙。
甲說：兩顆？你不是只有一顆蛀牙？
乙說：誰知道醫生身上沒零錢可找呢！

4. 張三買了一張新床，他爲了向別人炫燿，只好裝病躺在床上。他的朋友李四最近也買了一雙新鞋，他來探望張三時，就故意把一雙腳蹺得高高的。張三看了，笑咪咪的對他說：看來你的病已經跟我一樣嚴重了。

㈥ 隱身草：

據說神話故事裡，有一種隱身草，不管誰碰到它，身影馬上消失。有個貪心的人知道了之後，每天夢想能拿到隱身草。一位鄰居便捉弄他，把一棵不知名的小草拿給他，他以爲這是眞的隱身草，就拿著這小草去偷東西，結果當場被人抓住，狠狠揍一頓。

解答參考

㈠ A本習作：

1. 寫一寫：把意思相同的詞打○。

(1)（○） (3)（○）

2. 請利用意思相反的詞，寫出句子：

（她小時候身體很虛弱，長大以後變強壯了。）

（我認爲很輕微的感冒，卻變成嚴重的肺炎。）

3. 笑話爲什麼好笑：

1.（飛機根本不能開窗）

2.（不論幾塊，披薩還是一個）

3.（裝貓的箱子引起誤會）

㈡ B本習作：

1. 閱讀測驗

(1) ①　(2) ①　(3) ①

總說

第二單元 發明

需要爲發明之母，而發明又成爲人類文明的見證。發明源於需要，如愛迪生感於光亮對人類太重要，因而立志研發電燈，造福人群。發明也源於靈光一現的一剎，像新式刮鬍刀的靈感來自於耕種的耙子。發明有時是無心插柳柳成蔭的成果，像「不要怕犯錯」中的吸水紙和紫色染料的出現。

在本單元中，愛迪生因爲母親開刀需要足夠的燈光，鏡子反射日光的遊戲讓他暫時解決光線的問題，有感於燈光的重要讓他種下日後發明電燈的種子。

刮鬍子是吉利特的煩惱，因爲煩惱而思考解決辦法。當他專注在耙子耙土時，忽然靈光一現，把舊刮鬍刀和耙子聯結，遂有新式刮鬍刀的雛型。

錯誤看起來是失敗的同義詞，但不要怕犯錯的製紙工人卻把廢紙變成好用的吸水紙，巴金無意中加酒精到失敗的產品裡，卻得到珍貴的染料，失敗和錯誤一翻成爲賺錢的產品。在教學時，仍應強調意外的成功只是偶然，而應著重新產品產出前發明家的努力過程。

四、愛迪生

教材說明	教學重點	教學建議
1.本課敘述愛迪生的媽媽生病，因爲天黑而無法進行手術，情急之下想到了日光反射的遊戲，用聚光的方法將光線不足的問題解決。 2.語文活動是關於愛迪生的發明品概略介紹，作爲課文的延伸。 3.課文，語文活動，習作三部分以愛迪生爲串聯主要角色，題材豐富。	1.從課文中發現發明的的動機和原因。 2.學習引用成語修飾文章。 3.認識： (1)轉折句：如果……反而 (2)因果句：因而 (3)並列句：愈……愈…… 4.學習找出段落大意。 5.相似字的認識：如恨、很、銀等字。	1.教學資料庫提供愛迪生的相關故事，教師可斟酌補充，同時也鼓勵學生查詢關於愛迪生的故事或是相關發明。 2.愛迪生有許多的發明產品，可以讓學生分組討論認爲最棒的發明。 3.謎語作爲識字的活動之一，提高學習興趣，補充資料內的題目可以參考或改編。

五、刮鬍刀

教材說明

1. 本課是記敘文，描述吉利特發明新式刮鬍刀的經過。
2. 語文活動提供相似字組成的兒歌，孔子和項託之間有趣且機智的對話。

教學重點

1. 學習語五官相關的成語。
2. 標點符號分號的使用方法。
3. 相似字：如磨摩魔等字的認識。
4. 學習心理活動的描述。
5. 學習修辭：
   設問：會不會更方便更安全呢？
   頂眞：又平又順，又順又整齊。

教學建議

1. 刮鬍刀有不同的樣式，在演變上可以參考網站的資料。補充資料提供刮鬍刀小傳，教師可參考。
2. 教學資料庫提供謎語題目，在進行生字教學時，也可以鼓勵學生創作謎語，增進學習興趣。

六、不要怕犯錯

教材說明

1. 本課是議論文，從兩個例子說明錯誤並不可怕的道理。
2. 語文活動補充科學家的故事。
3. 認識一正一反的詞語：如好壞，聚散等。
4. 習作閱讀部分，是課文的延伸，以固特異發明輪胎作爲另一個舉證的例子。

教學重點

1. 學習議論文中舉證說明的寫作方法。
2. 認識各種紙的用途。
3. 學習句型：
   因果句：因爲……結果……
   承接句：於是……
   轉折句：雖然……並不……
4. 分辨相似字：如揮、輝、運等字。

教學建議

1. 本課以錯誤中的意外發現爲主軸，因此在教學時，可以日常生活中因爲弄錯，卻反而得到不一樣的驚喜或效果的例子，師生或親子事先討論，可以讓學習更加豐富。同時也可作爲語文活動探討的內容。
2. 補充資料庫內有多樣的材料，如兒歌，繞口令成語，謎語，教師可斟酌使用。

第四課 愛迪生

一、聆聽與說話

引起動機

(一)語文遊戲：鏡子遊戲

1. 兩人一組，一人是鏡子，一人是照鏡子的人，做出同樣的動作。

2. 老師出題：

(1)梳頭髮。

(2)微笑。

(3)生氣。

(4)害羞。

(二)語文對話：復習前一課語文活動的對話練習。

講述大意

(一)概覽課文：以默讀方式瀏覽課文一遍。

(二)提問問題以歸納大意：利用問題，指導學生歸納每一段的大意。

1.愛迪生的媽媽發生什麼事？

2.遇到什麼困難？

3.愛迪生想出什麼方法解決？

4.後來愛迪生發明什麼？

(三)內容大意：綜合各段的段落意思，說出全課的內容大意。

愛迪生的媽媽需要開刀，但是醫生認爲光線太暗不能動手術，於是愛迪生用鏡子聚光的方法讓光線充足。後來愛迪生發明了電燈。

二、閱讀與識字

詞語教學

(一)學生課前預習，畫出新詞，並查字典，了解新詞意思。

(二)學生上課時提出新詞，老師請學生試念，並指導正確的發音和寫法。

(三)老師詢問學生對詞語的了解，若有特殊的生字，也加以指導。

詞義教學

1.愛迪生：美國科學家，一生中發明許多東西。（見教學資料庫）
例句：愛迪生是一個喜歡動腦筋的人。

2.適合：剛好，符合。
例句：他的體型適合當模特兒。

3.蠟燭：用蠟製造的照明材料。
例句：再怎麼暗，只要一根蠟燭就能帶來光明。

4.清楚：明白。
例句：這份說明書寫的很清楚。

5.不夠：不足。
例句：這些米不夠五個人吃。

6.反而：連接詞，表示意外或是跟上一句話相反。
例句：媽媽叫弟弟唸書，他反而跑出去玩。

7.愈：跟「越……越……」的意思一樣，表示更加的意思。
例句：妹妹愈長愈漂亮。

8.六神無主：形容一個人慌張過度不知道該怎麼辦才好。
六神指人體的器官：心、肝、脾、肺、腎、膽。

例句：一聽到那個壞消息，他急得六神無主。

9.**反射**：聲波或光波遇到阻礙，就會返回原來的介質。或是生物受到刺激，通過自主神經系統所發生的活動。

例句：光線遇到鏡子就會反射回來。

例句：手一碰到火就會收回來，這是一種反射動作。

10.**拆下**：把東西拆掉。

例句：你竟然把自己家的屋頂拆下來。

11.**同伴**：一起遊玩或是一起做事的人。

例句：一路上有同伴相陪，覺得孤單。

12.**調整**：改變原有的狀況，以適應新的要求或是需要。

例句：經過調整座位，我看得比較清楚。

調有另一個音，「調動」讀「掉」的音。

13.**聚**：湊在一起。

例句：廣場上聚集好多人，都是爲了看演唱會。

14.**佩服**：對別人的辦事能力或是行爲，從心理尊敬和信服。

例句：王媽媽孝順父母的精神讓人非常佩服。

15.**漸漸**：慢慢的。

例句：秋天到來，天氣也漸漸轉涼了。

16. 減輕：把重量或是負擔去掉一部分。

例句：我幫媽媽做家事，減輕媽媽的負擔。

17. 立志：立定志願。

例句：他立志成爲科學家。

引導：讓學生發表自己立志要做什麼事，成爲什麼樣的人。

18. 努力不懈：認眞不放鬆的意思。

例句：姐姐爲了要考上大學，一直努力不懈。

19. 角度：角的大小。角是物體兩邊相接的地方。

另一個用法是：看事情的出發點。

例句：⑴請你把後視鏡的角度再調小一點。

⑵從安全的角度來看，他這樣做並沒有錯。

20. 急：想要馬上達到某種目的而激動不安。

例句：他急得像熱鍋上的螞蟻。

21. 痛苦：身體或精神上所受到的苦。

例句：他現在很痛苦，我們先安靜下來。

22. 光亮：明亮的意思。

例句：光亮的地方，讓人心情開朗。

23.根：計算數量的詞。也指物體的底部，如：樹根。
例句：一根小蠟燭也能照亮黑暗的房間。

生字教學

1.學生課前預查字音、字義、部首。並寫在A本習作上。

2.本課生字：

①習寫字：

適（辵）部 夠（夕）部 反（又）部 愈（心）部 鏡（金）部

射（寸）部 拆（手）部 伴（人）部 調（言）部 聚（耳）部

佩（人）部 漸（水）部 減（水）部 志（心）部

②認讀字：

迪（辵）部 蠟（虫）部 燭（火）部 櫃（木）部 燃（火）部

3.辨別特殊字：

⑴蠟和獵容易混淆，蠟和臘也常誤用，臘肉是指醃製過的或風乾的肉品。獵是犬部，三個字右邊都一樣，請注意不是鼠。

蠟：打蠟，蠟燭。

臘：臘肉，臘月。

獵：獵人，獵犬。

(2)根和跟，一樣的音，但是根是指植物長在土裡的部分，如樹根。

跟是腳的後部，如高跟鞋，腳跟。

跟、根、很、狠、恨、銀右邊都是「艮」，都有ㄣ韻。

恨：怨恨。

很：很好。

銀：金銀島。

狠：狠心。

(3)夠、鉤、狗右邊都是「句」字，也都有ㄡ韻。

三、閱讀與寫作

內容深究

(一)提出問題，師生共同討論：

1. 文章理解的問題，參考前面歸納大意的問題。

2. 情意擴展的問題：

①你曾經遇到著急的事嗎？請說出來。

②你想辦法解決了嗎？請說出解決的過程。

③如果你是愛迪生的媽媽，你會跟愛迪生說什麼？爲什麼？
④還有什麼方法可以讓光線更充足？
⑤你喜歡光亮嗎？爲什麼？

3.文意探索的問題：
①爲什麼愛迪生一定要讓醫生趕快開刀？
②醫生可以跟愛迪生說出哪些佩服的話？
③爲什麼愛迪生要立志發明電燈？
④有了光亮，會帶來什麼好處？

形式深究

(一)文體說明：
本課是記敘文。描述愛迪生因爲媽媽開刀的需要，想出聚集光線的方法，更成爲發明電燈的動機。

(二)段落安排：
1.第一小段：因爲光線不足，愛迪生的媽媽不能開刀。
2.第二段：媽媽越來越痛苦，愛迪生想到聚光的方法。
3.第三段：愛迪生用四面鏡子，再加點蠟燭和油燈，讓醫生開刀。
4.第四段：愛迪生立志要發明電燈，帶給人類光明。

㈢ 結構分析：

全文
- 原因：愛迪生的媽媽需要開刀，但是光線不夠。
- 經過：第二段愛迪生建議醫生多點蠟燭，醫生覺得並不妥當。
- 再說：第三段愛迪生想出鏡子聚光的方法，解決光線不足的問題。
- 結尾：第四段愛迪生立志發明電燈。

本篇文章以愛迪生的媽媽需要開刀爲主軸，拋出一個難題：光線不足。爲了解決問題，讓愛迪生不斷的想辦法，在靈光一現之際，讓愛迪生想到辦法：日光反射鏡子的遊戲，於是用了聚光的方法讓光線足以開刀。最後，愛迪生覺得光亮太重要了，於是立志發明電燈，呈現了需要爲發明之母的原則。

㈣ 主旨說明：

人類的發明動機，有時是因爲遊戲中的靈感和迫切的需要而促成。

㈤ 修辭說明：

1. 使用成語修辭：

如：愛迪生急得六神無主。

他長的虎背熊腰，很強壯。

2.轉折句：

「如果……反而……」

如果燭油滴到傷口，反而更不妙。

如果現在就去，反而遇上下班時的擁擠。

「並……」

今晚並不適合做手術。

他知道眞相後並不生氣。

3.因果句：

「因而……」

他努力不懈，因而發明電燈。

他沉迷賭博，因而輸光家產。

「同時……」

醫生很佩服愛迪生的機智，同時也馬上爲病人開刀。

他努力不懈，因而發明電燈。

老師稱讚他的機智，同時連絡警察來帶走小偷。

4.並列句：

「愈……愈……」

眼看著媽媽愈來愈痛苦，愛迪生急得六神無主。
車子愈來愈多，他擔心等一下沒有地方停車。

5. 動作的描寫：
拆下衣櫃，跑到同伴家借三面鏡子，再點燃許多蠟燭和油燈，調整四面鏡子的角度。

6. 認識標點符號：
從習作短文中，明白標點符號的特殊效果。

四、教學資料庫

語文補充

㈠ 誇張的笑話：

兩位北極探險者碰到一塊，其中一個說：我到過一個地方特別冷，蠟燭的燭火都凍住了，吹也吹不滅。

另一個說：這不算什麼，我到過一個地方，話才剛說出口就凍成冰塊，要放到鍋子裡炒一炒，才知道到底說了什麼話。

(二) 佳句：

1. 三人同心，其利斷金。
2. 樹要枝葉，人要清白。
3. 一寸光陰一寸金。
4. 光陰好，光陰好，我們做事要趁早，一天一天像水流，光陰一去不回頭。
5. 打在兒身，痛在娘心。
6. 與其詛咒黑暗，不如點亮一根蠟燭。
7. 蠟燭有心還惜別，替人垂淚到天明。
8. 春蠶到死絲方盡，蠟炬成灰淚始乾。

(三) 唐詩：

清明　杜牧

清明時節紛紛，路上行人欲斷魂，
借問酒家何處有，牧童遙指杏花村。

(四) 歇後語：

蠟燭脾氣—不點不亮。形容一個人不肯主動做事。

(五) 繞口令：

1. 澆樹澆根，交人交心。澆樹不澆根，樹根紮不深。
交人不交心，如同陌路人。

2. 六合縣有個六十六歲的陸老頭，
蓋了六十六間樓，買了六十六簍油，
堆在六十六間樓，栽了六十六株垂楊柳。
養了了六十六株垂楊柳，栓在六十六株垂楊柳，
遇到一陣狂風起，吹倒六十六間樓，
翻了六十六簍油，斷了六十六株垂楊柳，
打死了六十六頭牛，急煞六合縣六十六歲的陸老頭。

(七) 猜一猜：

1. 公司旁的電線杆。（同）
2. 同加上哪些部首可以成爲新的字？（筒、銅、桐、洞、胴……）
3. 一寸高的身子。（射）
4. 青海。（清）

5.好句不嫌多。(夠)
6.半個人。(伴)
7.壯士知心。(志)
8.風來了，吹走了虫，人卻圍起了圍巾。(佩)
9.揮刀斬水水更流。(漸)
10.媽減馬變什麼？東減日變什麼？信減人變什麼？(女、木、言)
11.良木沒有斑點。(根)
12.四季生輝。(光年)
13.兀鷹額上三根毛。(光)
14.哪些東西會發光？(星星，車燈，蠟燭……)

(八)榕樹常識：

、榕樹有像鬍鬚的氣根，小小細細的氣根會長成更粗的根，這根一接觸到泥土，又會長成像樹幹的支柱根。因爲榕樹有這樣的能力，才能造成廣大的遮陰，成爲夏天乘涼的好地方。

(九)愛迪生的故事：

1.一八四七年愛迪生出於美國俄亥俄州，一生只上過三個月的小學，他的學問是靠自修和母親的教導而來。他從小就對很多事物感到新奇，而且喜歡親自去試驗一下，直到明白其中的道理爲止。他

在新澤西州建立一個實驗室，在這裡發明電燈，電報機，留聲機，電影機，磁力析礦機，壓碎機等許多東西。對人類貢獻很大。他於一九三一年逝世。但是他的名字永遠和光亮並存。

2. 愛迪生實驗了一萬次才發明電燈。有一次作家拿破崙．希爾訪問愛迪生：「如果你第一萬次的實驗還是失敗，你會怎麼辦？」

愛迪生回答：「那我就不會在這裡和你瞎扯，我會在實驗室裡作第一萬零一次的實驗。」

3. 愛迪生試驗一種新電池，達五萬次才成功。他的助手問他：你不怕試驗到頭沒成果嗎？他回答：我已經有大量成果，我知道有好幾千種東西都不可以用來做這種電池。

(十) 兩面鏡子：

李老師每天照兩面鏡子。

第一面是穿衣服用的鏡子，用它可以知道衣服穿整齊了嗎？臉洗乾淨了嗎？頭髮梳整齊了嗎？帽子戴正了嗎？

第二種是用來照出自己行爲用的，叫做人鏡。用它檢查自己做事認眞嗎？對朋友關心嗎？講話態度合適嗎？

李老師說：我早上出門前照一次鏡子；睡覺前反省一天所做的事也照一次鏡子，兩面鏡子功用不相同。

解答參考

(一) A本習作：

1. 塡出正確的字

上半部

(1)（根） (2)（跟） (3)（跟） (4)（恨） (5)（銀） (6)（狠）

下半部

(1)（螞） (2)（馬） (3)（碼） (4)（瑪） (5)（罵）

2. 塡入適當的詞語

星期一早上。

忘記帶功課到學校。

害怕被罵，一時心慌意亂，好想哭出來。

由上述事件，請教師帶領學生盡情發揮短文。

(二) B本習作：

1. 閱讀測驗

(1)（③） (2)（①） (3)（②） (4)（②）

第五課 刮鬍刀

一、聆聽與說話

引起動機

㈠語文遊戲：猜謎語

1. 教師參考前一課教學補充資料的謎語製成小卡。

①一寸高的身子（射）

②半個人（伴）

③壯士知心（志）

④風來了，吹走了虫，人卻圍起了圍巾（佩）

⑤揮刀斬水水更流（漸）

⑥媽減馬變什麼？東減日變什麼？信減人變什麼？

⑦良木沒有斑點（根）

⑧四季生輝（光年）

2. 由學生提問，舉手回答。

3. 答對的再出題。

㈡語文對話：復習前一課語文活動的對話練習。

講述大意

㈠概覽課文：以默讀方式瀏覽課文一遍。

㈡提問問題以歸納大意：利用問題，指導學生歸納每一段的大意。

1.吉利特希望有什麼？

2.吉利特從哪裡得到靈感？

3.刮鬍刀後來變成怎樣？

㈢綜合各段的段落意思：

吉利特使用的刮鬍刀不好用，有一天他看到農夫整地的耙子，讓他想到把刮鬍刀加一個套子的方法，使用起來更安全。到十九世紀，刮鬍刀變的更方便更好用。

二、閱讀與識字

詞語教學

(一)學生課前預習，畫出新詞，並查字典，了解新詞意思。

(二)學生上課時提出新詞，老師請學生試念，並指導正確的發音和寫法。

(三)老師詢問學生對詞語的了解，若有特殊的生字，也加以指導。

(四)本課詞語指導：

1. 刮鬍子：剃去臉上的鬍鬚。另一用法：被人責罵。

例句：爸爸每天一起床，第一件事就是刮鬍子。

2. 煩惱：心情不好的意思。腦是肉部，人會生氣發怒都是心裡來的。

例句：煩惱多，容易老，常常笑，可以保持年輕。

3. 握柄：物體讓手可以拿可以握住的地方。

例句：請你把刀子的握柄擦乾。

4. 時候：指一段時間或某一個時刻。

例句：現在是什麼時候？

5. 磨：使物體平滑或銳利。

例句：給我一塊磨刀石，我要磨刀子。

6. 農夫：種田的人。

例句：農夫在田裡鋤草，準備種菜。

7. 揮：搖動，舞動的意思。

例句：他揮舞著衣服，告訴我們他已經到山頂。

8.耙子：一種鋸齒型的農具，能使土塊細碎。

例句：只有大賣場裡才有各式各樣的耙子。

9.入迷：專心某種事物到了沉迷的地步。

例句：他一進書店，就入迷在書中。

引導：讓學生發表令人入迷的事物。

10.不禁：忍不住。

例句：看到他的表情我不禁大笑。

11.靈感：在各種創作方面，突然湧現許多的創意想法，使作者完成一樣作品或是一件事情。

例句：媽媽靈感一來，就是半夜裡也會爬起來畫畫。

引導：讓學生發表曾經有過的靈感。

12.外套：套在東西外圍的物品。另外也指穿在最外面的大件衣服。

例句：那把刀子的外套磨損了。

生字教學

1.學生課前預查字音、字義、部首。並寫在A本習作上。

2.本課生字：

①習寫字：

刮（刀）部　煩（火）部　惱（心）部　握（手）部　柄（木）部

侯（人）部　磨（石）部　農（辰）部　夫（大）部　揮（手）部

迷（辵）部　禁（示）部　靈（雨）部　套（大）部

②認讀字：耙（耒）部

3.辨別特殊字：

(1)惱是心部，腦，肉部。容易混淆，提醒學生：煩惱是心煩惱，頭腦是人肉體的一部分。

(2)候：等候，時候，是人部。

候和侯差一豎，侯：姓氏。

後：以後，後是彳部。

(3)磨當動詞時讀二聲，磨讀第四聲。

磨：使東西摩擦光亮或銳利。

摩：兩個物體輕輕接觸來回擦動。

(4)刮、括、颳、話都含舌字，也都含ㄚ韻。

(5)禁止的禁讀第四聲，不禁的禁讀讀一聲。

三、閱讀與寫作

內容深究

㈠ 提出問題，師生共同討論：

1. 文章理解的問題，參考前面歸納大意的問題。

2. 情意擴展的問題：

①吉利特有什麼煩惱？

②他怎樣面對這個煩惱？

③你有過煩惱嗎？請說出來。

④你怎樣解決你的煩惱？

⑤吉利特從耙子聯想到刮鬍刀，你會聯想到用在什麼地方？

3. 文意探索的問題：

①吉利特爲什麼會常常想刮鬍刀的問題？

②爲什麼吉利特在農夫整地時，會看得入迷？

③爲什麼農夫的耙子可以帶給吉利特靈感？

形式深究

㈠ 文體說明：

本課是記敘文。描述吉利特因為舊刮鬍刀不好用，看到農夫的耙子聯想到改進刮鬍刀的方法。

㈡ 段落安排：

1. 第一段：吉利特刮鬍子的煩惱。
2. 第二段：看到農夫使用耙子整地，聯想到可以應用在刮鬍刀上。
3. 第三段：因此，新的刮鬍刀逐漸被開發出來。

全文
- 原因—第一段　吉利特的煩惱。
- 經過—第二段　農夫整地帶給吉利特靈感。
- 結尾—新刮鬍刀的出現。

㈢ 結構分析：

本篇以刮鬍刀的改良為主軸，從吉利特的煩惱描繪舊式刮鬍刀使用上的缺點。再以吉利特研究的精神

發展出第二段，經由農夫使用耙子的聯想，讓他想到刮鬍刀的改進方法。說明聯想是新產品的產生方式之一。

㈣主旨說明：

透過思考和聯想，是發明新東西的途徑之一。

㈤修辭說明：

1. 頂眞修辭：

如：農夫把泥土耙得又平又順，又順又整齊。

爸爸把刀子磨的又亮又利，又利又好切。

2. 對比句：

如：不利的時候不好刮，磨利的話，一不小心，很容易刮傷臉呢！

表妹開心的時候，有說有笑。不高興的時候，一語不發，好像大家都該讓她。

3. 疑問句：

如：他常常想：有沒有更好用的刮鬍刀呢？

有誰能設計這種好用的日用品？

會不會更方便更安全呢？

4. 動作的描寫：

農夫揮著耙子，來來回回的耙著泥土。

吉利特看的好入迷。

5. 心理的描寫：

他有一些煩惱。

此時，心中出現一個靈感……

（和前一課：「忽然他腦中閃出一道亮光」有異曲同工之用。）

6. 認識成語：

從習作練習認識人體的器官：口，眉，眼（目）唇，齒，牙等。

7. 認識分號：分號的用法讓語氣更完整，呈現並列，補充，遞進的作用。

四、教學資料庫

語文補充

(一) 唸兒歌：

1. 老漁翁，

站在河邊似棵松，

站在河裡似口鐘。
魚兒釣得多
張嘴笑呵呵，
魚兒釣得少，
也不生氣也不惱。

2.天上星，
地下釘，
叮叮噹噹掛油瓶，
油瓶破兩半，
豬銜草狗牽磨，
老鼠開門笑呵呵。

(二) 歇後語：
刮大風，吃炒麵——怎開。比喻有苦難言。
例如：這一次不小心輸給他，真是刮大風吃炒麵——怎開。
「刮」和「括」都讀「瓜」的音，括有包含的意思，括約肌的「括」讀「闊」的音。

㈢ 猜一猜：

1. 靈魂之窗。（眼睛）
2. 刀子放舌邊。（刮）
3. 丙級的木頭。（柄）
4. 米先生逃走了。（迷）
5. 石頭長芝麻。（磨）
6. 出頭天。（夫）
7. 一手檔千軍。（揮）
8. 火字在第一頁。（煩）
9. 巫婆土出三口雨水。（靈）
10. 樹林貼告示。（禁）
11. 握手。（拿）
12. 鏡中人。（入）
13. 屋上提琴手。（握）
14. 石上長麻。（磨）

㈣ 佳句：

1. 只要功夫深，鐵杵磨成繡花針。

2.煩惱皆因強出頭，是非只爲多開口。

㈤ 刮鬍刀小傳

早期男士用粗糙的武器，如石頭、貝殼或其他鋒利的物件刮鬍子；後來，發展到使用青銅、銅及鐵製成的刮鬍刀，往後數百年這類原始刮鬍刀一直維持著刀的外形，每次使用都要輔以磨石或皮帶打磨一番，使用更要有一定的技術，以防弄傷。

直至十九世紀末期，刮鬍刀有突破性的發展，新款的「T」型刮鬍刀，是具備刀柄及刀片的嶄新設計，刀片可打磨或替換，用者毋須再懂得磨刀。這種較先進的設計，令刮鬍更容易，亦是邁向20世紀刮鬍刀科技一個重要里程。遠古埃及男士已深明刮鬍的重要，西元前330年在亞歷山大帝朝代的希臘及羅馬人亦有此習慣，因爲刮鬍子有助防止戰士在與敵人進行面對面的對壘時，被對手拉扯鬍鬚受襲。

此外，沒有刮鬍的男士在當時亦被認爲是野蠻人，因英文Barbarian一字含有「unbarbered」（未刮鬍子）的意思。

習作解答

㈠ A習作本：

1.把錯字改爲對的字：

(1)（惱）　(2)（仔）　(3)（農）　(4)（揮）　(5)（磨）

(6)（利）　(7)（候）　(8)（迷）

2. 填一填字，認識成語：

(1)（目）　(2)（耳）　(3)（口）　(4)（目）　(5)（唇　齒）

(6)（唇　齒）　(7)（眉　眼）　(8)（面）　(9)（面　耳）　(10)（耳　面）

(二) B本習作：

1. 閱讀測驗：

(1)（①）　(2)（③）　(3)（②）

第六課 不要怕犯錯

一、聆聽與說話

引起動機

㈠語文遊戲：誰的紙多？

1.老師出題：拿出身邊各種的紙張。
2.分組比賽，每一組將收集到的各種紙，一一拿上台介紹它們的用途，收集最多紙的獲勝。
3.可以事先公布題目，提早收集。
4.參考：面紙、稿紙、圖畫紙、報紙、吸油面紙……

㈡語文對話：復習前一課語文活動的對話練習。

講述大意

㈠概覽課文：以默讀方式瀏覽課文一遍。

㈡提問問題以歸納大意：利用問題，指導學生歸納每一段的大意。

1.巴金在什麼情況下發現紫色染料？

2.德國工人弄錯配方製造的紙後作成了什麼？

3.錯誤可怕嗎？

㈢內容大意：綜合各段的段落意思，說出全課的內容大意。

巴金要製造新藥物，在錯誤中意外發現受歡迎的紫色染料。弄錯配方的工人意外發現廢紙成爲好用的吸水紙。原來錯誤並不可怕。

二、閱讀與識字

詞語教學

㈠學生課前預習，畫出新詞，並查字典，了解新詞意思。

㈡學生上課時提出新詞，老師請學生試念，並指導正確的發音和寫法。

㈢老師詢問學生對詞語的了解，若有特殊的生字，也加以指導。

㈣本課詞語指導

1.英國：歐洲國家，以英吉利海峽和歐洲大陸相隔。

例句：明年暑假，我要去英國遊學。

2. 犯錯：發生錯誤。

例句：最近因爲心神不寧，經常犯錯。

3. 救治：幫助別人從不舒服中脫離。

4. 賺：獲得。

例句：我利用暑假打工的機會，賺到五千元。

引導：賺，不是專指金錢的獲得，像賺得同情，賺人熱淚。

5. 德國：歐洲國家，日爾曼民族，以紀律，實事求是聞名。

例句：暑假我要去德國遊學，順便品嚐德國豬腳。

6. 弄錯：做錯的意思。

例句：注意聽老師說明過程，以免弄錯實驗方法。

7. 造紙：製造紙張。

例句：東漢蔡倫發明造紙術，貢獻很大。

8. 配方：他拿著配方去藥房買藥。

9. 廢紙：不能用的紙。

例句：廢紙可以回收再作成紙漿。

引導：讓學生討論廢紙新用途。

10. 解雇：停止雇用，叫人不必再上班的意思。

例句：你已經被解雇，明天起不必來上班。

11.家具：家庭用具。

例句：我們買新家具，準備放在新房子裡。

12.命名：取名字。

例句：這種花形狀像喇叭，所以被命名爲喇叭花。

13.試賣：在正式大量賣出以前，先少量出售，看看市場顧客的反應。

例句：百貨公司經常舉辦新產品試賣活動。

14.居然：表示事情和原先所想的不一樣，和竟然同意思。

例句：沒想到，他居然就是小偷。

15.受歡迎：得到喜歡的意思。

例句：王老師是一位受歡迎的英文老師。

引導：讓學生發表受歡迎的書、電影或人物。

生字教學

1.學生課前預習字音、字義、部首。並寫在A本習作上。

2.本課生字

①習寫字：

犯（犬）部　賺（貝）部　德（彳）部　弄（廾）部　廢（广）部

解（角）部　試（言）部　命（人）部　賣（貝）部　居（尸）部

具（八）部　誤（言）部　救（攴）部　造（辵）部　配（酉）部

受（又）部

②認讀字：英（艸）部　堆（土）部　設（言）部　紫（糸）部

製（衣）部　驗（馬）部　液（水）部　宜（宀）部

3.辨別特殊字

(1)具有三橫畫，容易寫成二畫。

(2)救、球、求，都有求字的形和韻。

救：救命。

球：網球。

求：要求。

(3)揮、輝、暉、運都含有軍字的結構。

揮：揮揮手。

輝：光輝耀眼。

暉：三春暉。

運：運動員。

三、閱讀與寫作

內容深究

㈠提出問題，師生共同討論：

1. 文章理解的問題，參考前面歸納大意的問題。

2. 情意擴展的問題：

①當巴金發現每一次都失敗時，他會怎樣想？

②如果你是德國工人被解雇了，你會怎麼做？

③你在生活中有因爲錯誤，反而得到收穫的事嗎？請說出來。

3. 文意探索的問題：

①巴金爲什麼有製造藥物的願望？

②如果巴金最後一次還是沒成功，他會繼續實驗下去嗎？爲什麼？

③德國工人爲什麼會弄錯造紙配方？

④老闆爲什麼會很生氣？如果你是老闆，你會怎麼做？

⑤結尾說錯誤並不可怕，你認爲呢？

形式深究

(一) 文體說明：

本課是議論文。用紫色染料和吸水紙的發現過程，說明不要怕犯錯的道理。

(二) 段落安排：

1. 第一段：巴金研究藥物卻意外發現紫色染料的經過。
2. 第二段：製紙工人把不能書寫的紙研究出新的用途。
3. 第三段：從巴金和德國工人的例子說明錯誤並不可怕。

(三) 結構分析：

- 全文
  - 分說—第一段：巴金的意外發現染料的經過。
  - 分說—第二段：造紙工人發現廢紙的新用途。
  - 總說—第三段：說明從錯誤中找到新產品。

本文用事例說明從錯誤中發現新產品的道理，一個是無心插柳卻柳成蔭的巴金，發明最受歡迎的紫色染料；一個是不氣餒的德國工人，研究出廢紙的新用途。再從以上兩個事例的證明，歸納出錯誤並不可怕的道理。

(四) 主旨說明：

科學研究過程會有許多錯誤產生，而有一些意外的成果卻反而來自錯誤的實驗結果。

(五) 修辭說明：

1. 因果句：

「因爲……結果……」

有一個紙廠工人，因爲弄錯了造紙配方，結果生產出一批不能書寫的廢紙。

弟弟因爲打完求不擦汗不換衣服，結果一回到家就開始流鼻水。

2. 轉折句：

「但是……並不是」

但是每一次的實驗，得到的只是一堆污黑的東西，並不是預期中的藥粉。

但是每一天的食品都是麵包和開水，並不是原來菜單上所寫的食品。

「雖然……並不……」

雖然被解雇了，這個工人並不灰心。

雖然不能參加比賽，哥哥並不難過。

3. 承接句：

「於是……」

這種染料是當時最需要的物品，於是巴金設廠大量生產，賺了許多錢。

爸爸是打字最快的人，於是由他記錄旅行日記。

四、教學資料庫

語文補充

㈠紙為什麼會發黃：

報紙木質素含量較高，木質素是木頭的主要結構成分。

當木質素碰到空氣中的氧氣，會反射出較多的黃光。這就是報紙經過一段時間會變黃的原因。

㈡兒歌：

太陽出來一點紅，哥哥騎馬我騎龍。哥哥騎馬上山去，弟弟騎龍游水中，哥哥弟弟真英雄。

㈢佳句：

解鈴還需繫鈴人——指誰出的事還是那個人去解決。

老王賣瓜，自賣自誇。

要刮別人的鬍子先把自己刮乾淨。

(四) 成語：

1. 弄假成眞
2. 弄巧成拙
3. 弄璋弄瓦
4. 倚老賣老
5. 閉門造車
6. 時勢造英雄
7. 粗製濫造
8. 一知半解
9. 不解風情
10. 冰消瓦解
11. 誤打誤撞
12. 洪喬之誤

(五) 猜一猜：

1. 吳先生自言自語。（誤）
2. 說明樣式。（試）
3. 愛心跑掉了。（受）

4. 有酒沒水自己來。(配)

5. 白面書生臉皮薄，不耐風吹雨折磨，一身輕鬆無負擔，能書能畫能詩歌。(紙)

(六) 笑一笑：

1. 義賣。

學校正在義賣餅乾糖果，準備成立救濟基金會，小英說：我正在減肥，不能吃這些東西。小乖忙說：沒關係，你盡量買，我幫你吃。

2. 誤會。

一位老先生上了公車，一個中學生立刻站起來。老先生慈祥的笑一笑，硬把中學生按回去座位上。過了一會兒，中學生再度站起來，老先生又把他按下去。等到中學生第三次要站起來時，老先生還是微笑的阻止他。中學生哭喪著臉說：請讓我下車吧！我已經坐超過兩站了。

3. 送命來。

有一個小孩，寫一張紙條給爸爸：下雨了，我沒命，請幫我送命來。原來他把傘寫成命了。

(七) 繞口令：

1. 有錯認錯要錯

有錯認錯要改錯，認錯改錯不爲錯。

有錯不認錯，錯上又加錯。

認錯不改錯，還有錯中錯。

有錯不怕錯，要認錯改錯。（王煥文）

2.買和賣

白白把賣讀成賣，拜拜把買讀成賣，是賣還是買，是買還是賣，

賣賣買買，買買賣賣。東西少了就買，東西多了就賣。

(八)

和紙相關的詞：

1.紙上談兵：只會嘴巴說說，不能解決實際上的問題。

例如：他只會紙上談兵，真叫他下場打球，就成了木頭人。

2.紙包不住火：紙包不住火，你還是自動認錯吧！

3.紙老虎：比喻外表強大兇狠，眞正遇到事情時卻是軟弱無能。

(九)

歇後語：

1.紙菩薩戴鐵帽——擔當不起。比喻負不起那麼大的責任。

2.八個油瓶七個蓋——配不上。

解答參考

(一) A本習作：

1. 選出適當的詞語：有些句子有好幾個答案。

(1)（①） (2)（④） (3)（② ⑥） (4)（② ⑥）

(5)（② ③ ⑤ ⑥）

2. 動動腦，日常生活中用到哪些紙？

(2)（擦手）

(3)（報紙　包東西）

(4)（吸油面紙　吸油）

(5)（圖畫紙　畫畫）

利用上面的各種紙，練習寫三句話：

早上媽媽用舊報紙擦窗戶，妹妹看見玻璃擦的又亮又乾淨，也學媽媽擦玻璃。妹妹拿著圖畫紙，左擦右擦，很賣力的擦，擦得滿身大汗，大家覺得妹妹眞可愛。

(二) B本習作：

回答問題

1.（天冷會裂開，天熱會變黏，發出怪味。）

2.（硫磺）

3.（墨汁滴到紙上，加畫幾隻腳，變成一隻蜜蜂。）

（剪壞的紙變成小紙片，當做雪花。）

第三單元 親情

世間最眞實，無私，偉大的情感，就是母親對子女的付出。本單元用三課看起來是寫東西的文章來寫母愛，可以說是借物寫情，相當深情動人。

第七課遊子吟，說的是古代的母愛。用母親手中的線和孩子身上的衣，交織出遠近糾纏的親情。第八課長裙，用不同顏色，不同質料的長裙，來舖陳母愛的幻化無窮，無所不在。第九課腳踏車，用一個看似陳舊古老的交通工具，映襯出母親的質樸無華，情深無悔的可貴。

現代的母愛，和過去簡樸沈靜的母愛，有所不同。新的創作者，描寫母愛，要如何表達，也許是大家期待的。

七、遊子吟

教材說明	教學重點	教學建議
1. 本課的文體是說明文。作者介紹孟郊的古詩——遊子吟。第一段寫出古詩內容，接著用白話來說明古詩。第三段說明古詩受歡迎的原因，最後一段今古對照，談到現代父母和孩子親情的建立，應該有新的形式。 2. 語文活動中的趣味對話，表現出現代版的親子互動。	1. 語文活動中介紹「古」爲聲符的形聲字，可幫助學生大量充實詞彙。 2. 用「夆」爲聲符的字有：峰、蜂、鋒、逢。從逢可再發展：蓬、篷、縫等字。 3. 習作A本中，有用「令」爲聲符的字，學生透過閱讀與操作，可大量識字。 4. 閱讀測驗，也是一篇說明文，說明自然界的生物，也是親情濃厚。 5. 文章中呈現「對照」的修辭，例如：慈愛的媽媽和遠行的孩子；媽媽縫衣，孩子穿衣；媽媽掛念，孩子懷念。 6. 文章中有並列句：不斷……不斷。有因果句：……因而……。有遞進句：不但……還……。有感嘆句：語尾助詞使用「吧」！	1. 語文補充中有三個字謎，可供猜謎。 2. 語文補充中的笑話，富翁與兒子，是現代版親情的一種寫照。

八、長裙

教材說明

1. 本課的文體是詩歌。前四段分別用綠布、青絲、紫紗、紅呢裙做爲主題，形成一段段溫馨感人的親子活動。最後總說，母親年紀大了，在孩子心目中永遠美麗。
2. 文章的章法結構是分、分、分、分、總。用了很多的聯想，經營出很多美的、溫馨的意象。

教學重點

1. 本課詩歌使用借代法。把舊的，大家習以爲常的語言換成新詞，增加新鮮感，引起特殊的注意力。用長裙借代母親，就好像用太陽借代父親。
2. 用比喻法：把長裙比喻成森林、絲繩、阿拉丁神毯，淚珠比喻成印花，詩歌的意象擴大。
3. 使用重疊法，使詩歌韻味深長。
4. 在句法上使用轉折句、倒裝句，變化句型，使詩歌產生新鮮感。
5. 語文活動中，將「易」和「昜」做一個文字的說明，再衍生出相關的形聲字，增加學生辨識形近字的機會，避免寫錯字。
6. 習作中，請學生將詩歌改爲記敘文，是寫作的一種練習。

教學建議

1. 語文補充中有五個猜字謎，可供教學參考。
2. 多音字「著」有五個讀法，可供老師補充。

九、腳踏車

教材說明

1. 本課的文體是記敘文。文章開頭用倒裝句、插敘法寫一段母子的親情故事。
2. 用腳踏車寫母親，是借代法的修辭。老師的敘述，從過去到現在，豪華和簡樸做了一個對照法的修辭。

教學重點

1. 語文活動中介紹一首童詩，用了大量的擬人法。
2. 倒裝句可以變化句子，使句子新鮮活潑，習作中有句子改變順序的練習。
3. 本課中生字中的「幸」和「辛」，「准」、「準」、「淮」；「豪」、「毫」，形近義異，需要特別留意。
4. 文章總共有七個自然段。分爲三個意義段，第一大段：敘述老師騎腳踏車的事實。第二大段用「問」、「答」並列的方式，說明騎腳踏車的原因。第三大段是大家知道結果的反應。
5. 本課中的排比修辭：「清淡的食物有滋味；老舊的衣物有情感……」
6. 本課中的關連句有假設句：……只要……，轉折句：雖然……但是……，……然而……。

教學建議

1. 語文補充中有五個猜字謎可供參考。
2. 語文補充中的俏皮話－落水狗上岸——抖起來，繞口令：騎馬，都簡易有趣，可提供給老師參考。

第七課 遊子吟

一、聆聽與說話

引起動機

(一)語文遊戲：詩歌大賽

1. 將學生分為紅、白二組。（若學生多，可多分幾組）
2. 兩組開始背詩或唱詩比賽。
3. 重複或提不出者，敗出。

(二)語文對話：復習前一課語文活動的對話練習。

講述大意

(一)概覽課文：以默讀方式瀏覽課文一遍。

(二)提問問題以歸納大意：利用問題，指導學生歸納每一段的大意。

1. 本課文是哪一首古詩的內容？

2. 慈愛的母親做了什麼事？孩子會如何回應？
3. 這首古詩爲什麼受大家的喜愛？
4. 現代的父母如何表現他們對子女的用心？

㈢ 內容大意：綜合各段的段落意思，說出全課的內容大意。
先介紹遊子吟這首古詩，再用白話文把詩的意思表達出來，最後提到現代父母和孩子的家庭生活改變了，子女寫想念的詩文要用別的內容來表現了。

二、閱讀與識字

詞語教學

㈠ 學生課前預習，畫出新詞，並查字典，了解新詞意思。
㈡ 學生上課時提出新詞，老師請學生試念，並指導正確的發音和寫法。
㈢ 老師詢問學生對詞語的了解，若有特殊的生字，也加以指導。
㈣ 詞義教學：
1. 遊子吟：遊子，長期遠離家鄉久居在外的人。吟，聲調抑揚頓挫的讀。遊子吟是一首五言古詩，唐代孟郊的作品。

例句：你看懂遊子吟這首詩嗎？

2.慈母：溫和親切對子女有深愛的母親。

例句：家有慈母是我最大的福氣。

3.臨行：快要出發的時候。

例句：我要到日本，臨行前媽媽抱住我久久不放。

4.密密縫：密密，緊緊的縫衣物。

例句：這個密密縫製的小布包，是媽媽親手爲我做的禮物。

5.意恐：心裡害怕的意思。

例句：我小心的說話，意恐得罪他。

6.遲遲歸：遲歸的意思。遲：慢。歸：回來。太慢回來。

例句：夜晚遲歸的孩子，總是讓父母擔心。

7.寸草：一寸的草，用很小很小的草，來比喻孩子孝順的心。

例句：寸草般的心意，實在報答不了母親的愛。

8.三春暉：三，有多的意思。春暉指春天溫暖的陽光，比喻慈母養育子女的恩惠。暉，指日光。輝，指一般的母芒，二者通常不通用。

例句：母愛像三春暉，溫暖我的心。

9.暖暖的：令人舒服溫溫熱熱的感覺。

例句：這件毛衣穿起來暖暖的，非常舒服。

10. 浮現：舊的感覺、畫面重新出現。
例句：我的眼前浮現出媽媽慈愛的眼神。

11. 身影：指人的身體和影象。
例句：老人孤單的身影，讓人很同情。

12. 報答：用行動表示感謝對方。
例句：我要用功讀書，報答父母對我的期望。

13. 古詩：很久以前的詩歌。
例句：這首古詩年代已久，但是受人歡迎。

14. 這份：這一件。份指整體中的一部分，或量詞。份和分可以通用。只有身「分」的分，不可用「份」。
例句：這份禮品太厚重了，我不能收。

15. 簡單：非常容易，不複雜。
例句：這件事情很簡單，你不必想太多。

16. 掃地：用掃把清除地上的土。
例句：掃地是我們班上每天都要做的工作。

17. 睡覺：閉眼進入深度的休息。
例句：小孩每天至少要睡覺八個小時。

18. 疲勞：用了過度的腦力、體力，讓身體的反應變弱。

例句：今天寫了好幾個小時的文章，我太疲勞了。

19.辛苦：感到勞苦。

例句：媽媽辛苦的工作，是爲了我們的幸福。

20.淡薄：稀少不濃厚。

例句：現在鄰居之間來往，人情不多已經越來越淡薄。

生字教學

1.學生課前預查字音、字意、部首。並寫在A本習作上。

2.本課生字：

(1)習寫字：

吟（口）部　慈（心）部　密（宀）部　恐（心）部　遲（辵）部

寸（寸）部　報（土）部　暖（日）部　浮（水）部　影（彡）部

古（口）部　簡（竹）部　單（口）部

(2)認讀字：

歸（止）部　份（人）部　縫（糸）部　暉（日）部　父（父）部　貴（貝）部

3.辨別特殊生字：

(1)吟，是形聲字，形符爲口，聲符爲「今」，不可寫成「令」。

(2)「遲」字下面是「牛」，不是「午」。

(3)報字的左邊是「幸」，不是「辛」。幸，是土部，第二橫較長。
(4)辛字的第的第二橫畫較長。
(5)縫字的「夆」，爲三橫，非二橫。

4.字形的結構說明：

左邊小而短，右邊大而長：吟、暖。

左小右大：浮。

左右一樣大：報。

三、閱讀與寫作

內容深究

(一)提出問題，師生共同討論：

1.文章理解的問題，參考前面歸納大意的問題。

2.情意擴展問題：

(1)你的媽媽會親手爲你做什麼事？你的感覺如何？

(2)你最希望你的媽媽不要爲你做什麼事？

(3)如果你是爸爸或媽媽，你想爲你的孩子做什麼事？

3. 文意探索的問題：

(1) 慈愛的媽媽和遠行的孩子對比，他們的行爲有何關連？

(2) 這首詩爲什麼一千多年了，還是受人歡迎？

(3) 如果你寫懷念的爸爸或媽媽，你會用什麼事情來表現呢？

形式深究

(一) 文體說明：

本課是是說明文。用一首古詩，說明過去的母愛，也說明這首詩受歡迎的原因，最後進一步說明現代父母和孩子在生活中互動影響親情的關係。

(二) 段落安排：

1. 第一段：寫出古詩內容。
2. 第二段：用白話解釋古詩。
3. 第三段：說明古詩受歡迎的原因。
4. 第四段：說明現代父母與孩子的親子相處方式和古人有所不同。

(三) 結構分析：

主文
- 先說：古詩的內容。
- 接說：用白話說明古詩。
- 再說：古詩受歡迎的原因。
- 結論：今古不同。

這是一篇介紹古詩的方式。先忠實呈現內容，接著進一步用白話說明，再說受歡迎的原因和今古不同，後人要表達親情，將會有不同方式，留下讓人討論的空間。

(四) 主旨說明：

作者用古詩來表現本單元——親情這個主題。

(五) 修辭說明：

1. 對比法修辭：慈愛的媽媽和遠行的孩子對照。媽媽縫衣，孩子穿衣；媽媽掛念，孩子懷念。
2. 並列句：腦中不斷浮現出的是媽媽的身影，不斷想的是怎樣報答母親。
3. 因果句：整首詩文字簡單，能完完全全表現出母子間的深情，因此一千多年以來，受到大家的喜愛。

4.遞進句：不但如此，父母在家中，還經常用看電視、睡覺來消除疲勞。

5.感嘆句：在語尾助詞中使用「吧」。如果孩子要寫一些想念的詩文，可能要從新的角度去表現親情的可貴。

㈥其他：

1.語文活動介紹用「古」爲聲符的聲字：估、沽、姑、辜、詁、固、苦、胡、咕、枯。

2.介紹用「夆」爲聲符的形聲字：峰、蜂、烽、鋒、逢、蓬、縫、篷。

3.介紹用「令」爲聲符的形聲字：領、聆、零、鈴、羚、囹、拎。

四、教學資料庫

語文補充

㈠猜字謎：

1.口令少一點。（吟）

2.犀牛走來了。（遲）

3.竹房間。（簡）

㈡ 多音字：

1. 單
- ㄉㄢ 單子。
- ㄕㄢˋ 單小姐。
- ㄔㄢˊ 單于。

2. 掃
- ㄙㄠˇ 掃地。
- ㄙㄠˋ 掃把。

3. 縫
- ㄈㄥˊ 縫衣。
- ㄈㄥˋ 門縫。

㈢ 孟郊：（七五一——八一四），唐代詩家，武康人，字東野，個性狷介，少與人相合，和韓愈是好朋友。他的詩作，大部分多比較淒涼悲苦，用字造句也追求瘦硬，避免平庸。

㈣ 俏皮話：「貓哭耗子——假慈悲」

這句話是指假裝好心的意思。因爲老鼠（耗子）死了，貓高興都來不及，哪裡會哭呢？分明是假的。

例如：這次我考不及格，我的死對頭叫我別難過，分明是貓哭耗子假慈悲。

(五) 慈眉善目：

形容慈愛善良的樣子。

(六) 密蘇里河：

美國中部的大河，源於洛磯山，流經達利他、內布拉斯加等州，至密蘇里州東部與密士失必河會合，全長三九六九公里。

(七) 唱詩歌：

楊樹葉兒嘩啦啦，小孩睡覺找他媽媽；乖乖寶寶你快睡，老虎來了我打牠（河北）。

(八) 笑話：

富翁問兒子：「做父母的，辛苦的把你拉拔長大，爲的是什麼？」兒子：「爲了要把遺產留給他的兒子啊！」

(九) 辛：

「辛」是古代來處罰犯人的刑具；有點像劍，尖端銳利可以用來割耳、鼻，或刺臉。和辛部有關的字，和犯罪有關係。例如：辜，罪。無辜，無罪的意思。辟，死刑。

辛和幸容易弄錯。辛，勞累困苦的意思；幸，幸福。

例如：父母辛辛苦苦的忙碌，都是爲了子女的幸福。

(十) 古詩：

①古代的詩，如樂府詩。

②詩體名，指兩漢以來，非有嚴格規律的近體詩；語言樸素，描寫生動眞切。

解答參考

(一) A本習作：

1. 造句

(1)（媽媽不斷的寫作，不斷的投稿，終於受到主編的欣賞。）

(2)（那件衣服，質料好，價格便宜，因而銷售一空。）

(3)（他出門前不但先把飯煮好，還把屋子都掃乾淨了。）

2. 選一選

(1)（凌） (2)（領） (3)（羚） (4)（聆） (5)（鈴）

(6)（齡）

(二) B本習作：

1. 寫出詞語或短語

(1)（慈愛　仁慈　慈父　大慈大悲）

(2)（祕密　密封　密切　密友）

(3)（報名　報紙　報答　福報）

(4)（暖房　暖流　暖氣　冷暖）

(5)（浮起　輕浮　浮沉　浮上浮下）

(6)（影子　黑影　身影　電影）

2. 閱讀測驗

(1)（ˇ）　(4)（ˇ）

第八課 長裙

一、聆聽與說話

引起動機

(一)語文遊戲：服裝大賽。

1.將學生分為數組。

2.每組提出一句話比賽。每一句話要包括：人、穿著、地方、事情，至少要有三項。例如：妹妹穿著芭蕾舞衣在舞台上跳舞。

3.重複或提不出者、敗出。

(二)小小劇場：我要去應酬。

講述大意

(一)概覽課文：以默讀方式瀏覽課文一遍。

(二)提問問題以歸納大意：利用問題，指導學生歸納每一段的大意。

1. 作者爲什麼喜歡媽媽的綠布長裙？
2. 作者爲什麼喜歡媽媽的青絲長裙？
3. 作者爲什麼喜歡媽媽的紫紗長裙？
4. 作者爲什麼喜歡媽媽的紅呢長裙？
5. 媽媽穿著舊裙子，孩子的感覺如何？

㈢ 內容大意：綜合各段的段落意思，說出全課的內容大意。
這首詩歌，把媽媽的長裙比喻成：玩迷藏的森林，牽住母子的絲繩，可以保溫又可以做夢的神毯，讓孩子回味無窮。

二、閱讀與識字

詞語教學

㈠ 學生課前預習，畫出新詞，並查字典，了解新詞意思。
㈡ 學生上課時提出新詞，老師請學生試念，並指導正確的發音和寫法。
㈢ 老師詢問學生對詞語的了解，若有特殊的生字，也加以指導。
㈣ 詞義教學：

1. 捉迷藏：把眼睛蒙起來，摸索捉人的遊戲。

例句：捉迷藏是小孩們喜歡的遊戲。

2. 眾多：許多的意思。

例句：鬧市裡商店眾多，人群更多。

3. 繩：用棉麻、草或金屬、塑膠做成的長條物。

例句：用絲做成的絲繩，應該是稀少的吧！

4. 紫紗：紫色的紗布。紫，紅藍二色混合而成的顏色。

例句：我很希望能有一件紫紗洋裝。

5. 柔柔的：和順的意思。柔柔的，就是柔的意思；用重疊字可加強柔軟的感覺，並使聲音更好聽。

例句：柔柔的歌曲，最讓人喜歡。

引導：什麼東西是柔柔的（雲朵、歌曲、語言、衣服、顏色、笑容……）

6. 淚珠：一滴滴的眼淚，像珠子一樣。

例句：他受了責罵，淚珠滾滾流下。

7. 黏貼：合在一起。

例句：我用剪紙黏貼在窗戶上做窗花。

8. 紅呢：紅色的毛織品。

例句：這頂紅呢帽，最適合你了。

9. 恩賜：給別人特別的好處。賜，拿錢財貨品給人。

例句：對於您的恩賜，我永生難忘。

10.神毯：具有神力的厚毛織品。

例句：阿拉丁的神毯，令人驚奇。

11.飛翔：在空中來回的飛。

例句：我最喜歡看老鷹在山谷中飛翔。

12.搖曳：牽引的搖動。

例句：樹影在風中搖曳飄動，特別美麗。

13.依舊：不新，老樣子。

例句：幾年不見，他的笑容依舊爽朗。

生字教學

1.學生課前預查字音、字意、部首。並寫在A本習作上。

2.本課生字：

①習寫字

眾（目）部　繩（糸）部　端（立）部　紫（糸）部　柔（木）部

淚（水）部　珠（玉）部　貼（貝）部　毯（毛）部　翔（羊）部

舊（臼）部　曳（曰）部

3.辨別特殊生字：

①眾字的寫法。

②舊，是臼部，非艸部。

③賜，右邊是易。不要和「昜」弄錯。

④曳，上面無點。不要因爲寫戈、我、找，而習慣性加點。

4.字形的結構說明：

左小右大：繩、淚、珠、翔。

長形字：舊、柔。

左小而短、右長而大：端。

三、閱讀與寫作

內容深究

(一)提出問題，師生共同討論。

1.文章理解的問題，參考前面的「歸納大意」的問題。

2.情意擴展的問題：

①媽媽身體的哪一部位或東西讓你印象最深刻？

②你最喜歡媽媽為你做哪一件事？

③媽媽最喜歡你為她做哪一件事？

3.文意探索問題：

①為什麼要把媽媽的長裙比喻成綠色森林？

②媽媽的長裙除了寬寬的、長長的、柔柔的、厚厚的，還有什麼重疊詞語可形容？（香香的、軟軟的、挺挺的、短短的、細細的、薄薄的……。）

③當我們用了一個比喻詞，還要做什麼事，才可使句子完整有意義？（例如：媽媽的眼睛像星星，明亮的閃著溫柔的光芒，讓我好快樂。）

4.這首詩，最後有作者的結論嗎？是什麼呢？

形式深究

㈠本課文體是詩歌。

作者用「長裙」來歌誦母愛。

㈡段落安排：

1.第一段：綠長裙是森林，可以玩捉迷藏。

2.第二段：青長裙像絲繩，牽住母子情。

3.第三段：紫紗裙是孩子擦眼淚的手帕。

4.第四段：紅呢裙毛毯，保溫易入夢。

5.第五段：媽媽老了，但在子女心中永遠美麗。

(三)結構分析：

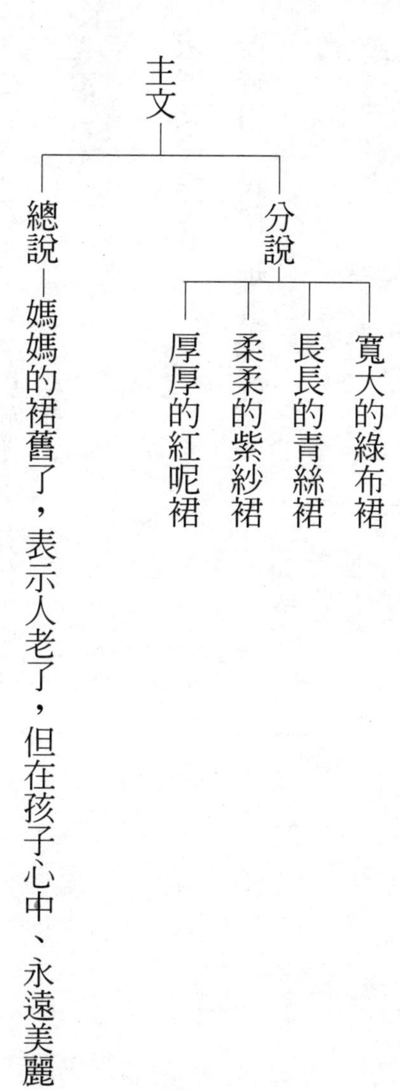

(四)修辭說明：

1.借代法：

把舊的，大家習以爲常的語言去掉借來，代替的新詞，可以使讀者產生新的感覺，以掃除習慣後的麻木感，進一步引起特殊的注意力，增強強調的效果。

用長裙來借代母親。就像用太陽來借代父親，月亮星星借代母親的臉、眼睛；國旗借代國家。

2.比喻法：

把長裙比喻森林、絲繩、阿拉丁神毯。淚珠比喻成印花。

3.重疊法：
寬寬的、長長的、柔柔的、厚厚的，讓詩歌韻味深長。：

4.倒裝法：
(1)小時候的我喜歡捉迷藏→我小的時候喜歡捉迷藏。
(2)媽媽穿起來，還是迎風搖曳，「依舊美麗。」把「依舊美麗」倒裝成「美麗依舊」。

5.轉折法：
舊的裙子，媽媽穿起來，還是迎風搖曳，依舊美麗。

(六) 其他

1.作者用多樣的材質：布、絲、紗、呢；多種顏色：綠、青、紫、紅，交織出很多文思情意，讓詩歌輕柔美麗。

2.語文活動特別介紹：「易」是象形字，原來是爬蟲類的蜥蜴，和易有關的形聲字有：踼、剔、賜、惕、錫。「昜」，是太陽不要被雲遮住，有開的意思。以昜爲聲符的字有：陽、暘、瘍、場、楊、揚、湯。

四、教學資料庫

語文補充

(一) 猜字謎：

1. 窗戶滴水，對著一隻犬（淚）
2. 強占貝殼（貼）
3. 三人橫目（眾）
4. 揉眼不用手（柔）
5. 羊長羽毛（翔）

(二) 多音字：

呢
- ·ㄋㄜ 是不是呢？
- ㄋㄧˊ 呢絨。

著
- ·ㄓㄜ 黏貼著。吃著。
- ㄓㄠˊ 著火了。睡著。
- ㄓㄠ 橫高一著。
- ㄓㄨㄛˊ 著手、著墨。
- ㄓㄨˋ 著作。名著。

㈢ 兒童詩二首：

媽媽您也不是乖孩子／蘇秀為

媽媽、您要我九點上床
自己卻還在縫衣服
媽媽、您要我睡午覺
自己卻還在拖地板
媽媽、您要我七點起床
自己卻一大早爬起
媽媽、您要我穿新衣新鞋
自己卻老穿件舊衣裳
媽媽、您要我節約不花錢
自己卻天天買菜買水果
媽媽、您不讓我吃剩菜
自己卻每餐都吃
媽媽、您不讓我玩水
自己卻洗碗洗衣服
媽媽、許多事您都不聽話
媽媽、您也不是乖孩子

媽媽的愛
媽媽的愛是永遠看不到的寶物
藏在保險箱裡
靜靜的散發出愛的光芒
當我找到這些寶物
寶物已經黯淡無光
但她還是我永遠珍惜的無價之寶

習作解答

㈠ A本習作：

1. 回答問題

(1)綠色的森林
(2)絲繩
(3)迷人的印花
(4)阿拉丁的神毯
(5)乾掉的橘子皮。不再光滑、不再光亮，但卻很耐看。

2. 寫一寫

媽媽穿著青絲長裙，長長的裙子好像一條柔柔的絲繩，走在人群眾多的夜市裡，只要拉住絲繩，誰

也沒辦法讓我們分開。

㈡ B本習作：

1. 寫出詞語或短語

(1)（柔和 溫柔 柔美 柔軟）

(2)（淚如雨下 淚濕衣袖 眼淚）

(3)（寶珠 淚珠 水珠 明珠）

(4)（貼花 黏貼 貼紙 剪貼）

(5)（依舊 舊衣 舊書 舊思想）

(6)（恩人 恩義 大恩大德）

2. 閱讀測驗

1. (2) 2. (3) 3. (2)

第九課 老師的腳踏車

一、聆聽與說話

引起動機

(一)語文遊戲：車子、猜一猜。

1. 請一位最會表演的同學出場，由他表演，表演的規則：

①先比幾個字。

②再比要表演的字的序列數，或者直接表演。

③表演者不說話，但負責請最快舉手者回答，並公佈答案。

④學生分成數組搶答。

⑤老師站在表演者對面，揭示謎底。

題庫：汽車、摩托車、金龜車、吉普車、賽車、跑車、重機車、輕機車、腳踏車、遙控汽車、獨輪車、三輪車、玩具車。

⑥猜完後，可讓學生看卡複述一次。

(二)語文練習：有錢人的手。

講述大意

㈠概覽課文：以默讀方式瀏覽課文一遍。

㈡提問問題以歸納大意：利用問題，指導學生歸納每一段的大意。

1.林老師騎腳踏車的情形怎樣呢？

2.林老師爲什麼要騎腳踏車？

3.媽媽爲什麼反對林老師騎腳踏車？

4.林老師喜歡騎腳踏車嗎？

㈢內容大意：綜合各段的段落意思，說出全課的內容大意。

林老師騎腳踏車很辛苦，學生問他爲什麼騎腳踏車？林老師告訴大家：因爲爸爸騎摩托車兩個月後發生車禍死亡，媽媽不准他騎，現在他也喜歡這種簡單平淡的生活。

二、閱讀與識字

詞語教學

(一)學生課前預習，畫出新詞，並查字典，了解新詞意思。

(二)學生上課時提出新詞，老師請學生試念，並指導正確的發音和寫法。

(三)老師詢問學生對詞語的了解，若有特殊的生字，也加以指導。

(四)詞義教學：

1. 腳踏車：用腳踩的兩輪車。

例句：河濱公園，有一條腳踏車的專用道。

2. 豪華：指過分華麗的生活或物品。

例句：豪華的建築物，總是令人眼睛一亮。

3. 摩托車：裝有內燃機的腳踏車。是英語motorcycle的音譯。也可稱爲機車。

例句：他用摩托車載著小孩去兜風。

4. 堪：不能忍受。堪，忍受。

例句：這件衣服破舊不堪，沒有人要穿了。

5. 氣喘不已：呼吸很急不能停止。已，停止。

例句：他用跑百米的速度跑進教室，氣喘不已。

6.落湯雞：比喻人像雞掉到湯裡，全身濕答答。
例句：他一路淋雨回家，像個落湯雞進門。
7.狼狽：狼和狽都是動物。相傳「狽」的前腳短，必須靠在狼的身上才能行走。狼狽，比喻事情很糟，不順利。
例句：他踩到水洞，狼狽不堪。
8.騎：兩腿跨坐。
例句：要騎機車或腳踏車，穿褲子比穿裙子方便。
9.上班：在一定的時間去工作。
例句：爸爸上班時，帶著公事包。
10.滋味：食物的味道。
例句：外國人喜歡中國菜的滋味。
11.步調：走路的速度，延伸成生活的節奏。
例句：都市人生活步調很匆忙。
12.不幸：不幸運，使人失望、傷心、痛苦。
例句：她的父母過世，自己又生了重病，真是不幸的人生。
13.不准：不答應，不同意。
例句：媽媽不准我考試前沒準備功課。
14.樸實：簡單、實在。
例句：「樸實簡單」，是簡樸生活的新主張。

生字教學

1.學生課前預查字音、字意、部首。並寫在A本習作上。

2.本課生字：

(1)習寫字：

踏（足）部　豪（豕）部　托（手）部　堪（土）部　喘（口）部

班（玉）部　甚（甘）部　抖（手）部　宜（宀）部　其（八）部

禍（示）部　幸（土）部　准（冫）部　樸（木）部

(2)認讀字：

摩（手）部　騎（馬）部

3.辨別特殊生字：

(1)幸和辛，寫法不同。「幸」，上面一個土。「辛」，上面是「立」。幸有好的意思，例如：幸福、幸好、幸免。辛有不好的意思，例如：辛苦、辛勞。

(2)准是右邊是二點的冫部。答應、許可的意思。例如。批准、准許。「淮」，左邊三點是水，爲水名。例：淮河平原。「準」是準備的準。

(3)「豪」，下面是個豕。有豬表示富有，因此豪華、富豪都有富有、好的意思。毫，是動物毛，表示小的意思，因此：「毫」髮無損、「毫」不在意，「毫」無頭緒。

4.字形的結構說明：

長形字：豪、宜、其、幸。

右小而短，右大而長：堪、喘。

左小右大：踏、抖、禍、准、樸。

三、閱讀與寫作

內容深究

(一)提出問題，師生共同討論。

1.文章理解的問題，參考前面的「歸納大意」的問題。

2.情意探索的問題：

①如果你有錢，想買什麼貴的東西？

②你覺得你生活最簡單平淡的是什麼事物？

③如果你想要得到的東西得不到時，你會怎麼辦？

3.文意探索問題：

①本課題目是老師的腳踏車，其實是借腳踏車寫什麼呢？（母子的親情。）

②第一段用倒裝句來寫，有什麼用意？（突顯重點，引人注意，變化寫法。）

③本課取材，先說現在，再寫過去，回到現在，又說過去，這樣的寫法有什麼好處？（插敘法，讓文章有懸疑性，引人注意。）

④最後一段，文字很少，作者為什麼用這種方法表現呢？（讓一段敘述親情的文字，留一些空白給大家回味。）

形式深究

㈠本課文體是記敘文。

作者用倒裝句、插敘法，借腳踏車寫一段母子親情的故事，過去和現在，豪華和簡樸做了一個對照。

㈡段落安排：

1. 第一小段：老師騎腳踏車的情形。
2. 第二小段：老師慢慢說往事。
3. 第三小段：老師家裡很窮買不起腳踏車，但是有錢了，媽媽反對他買。
4. 第四小段：大家好奇的問。
5. 第五小段：老師說出原因。
6. 第六小段：大家聽完很安靜。

㈢ 結構分析：

主文
- 第一段—說出老師騎腳踏車的事實。
- 第二段原因
  - 第二段小段—學生問。
  - 第三小段：老師答：家裡窮和家裡有錢都不能買。
  - 第四小段：學生再問。
  - 第五小段：老師再答：家裡發生的事。
- 第三段結果—學生很安靜。

⊙大段是文章的「意義段」。文章的三大段，簡言之，是事實追究原因、結果。

⊙小段是文章的「自然段」。文章在每段前空二格，稱為小段，有時只是方便敘述的安排。在文意上，可將「自然段」歸納為「意義段」。

⊙第二～四小段採「問」「答」並列的結構處理。

㈤ 修辭說明：

1. 倒裝句法。

(1)和那些豪華的汽車、快速的摩托車相比，(2)林老師的腳踏車，(3)看起來實在是破舊不堪。

正寫法：(2)(1)(3)

2. 排比法。

清淡的食物有滋味；老舊的衣物有感情；慢慢的步調很自在；所以不必要的東西不准買。

3. 假設句。

如果是大熱天，他會騎得滿頭大汗；下雨天，他常常全身透透；寒冷的冬天，他甚至冷得發抖，氣喘不已。

4. 轉折句。

雖然家裡後來有錢了，但是母親還是反對我買其他的車子。然而現在我從簡單平淡的生活中，體會出樸實的樂趣，也就一直這樣的過生活。

(六) 其他：

1. 語文活動—蟬偵探，介紹擬人法。

四、教學資料庫

語文補充

(一) 猜字謎：

1. 一匹奇馬。(騎)
2. 用腳玩水中的太陽。(踏)

3.用水送一斗米來。（抖）
4.淮水好像少一點了。（准）
5.土羊少一隻。（幸）

㈡多音字：

騎
- ㄑㄧˊ 騎馬、騎自行車、騎士。（騎車的人）
- ㄐㄧˋ 騎兵隊、騎士。（歐洲封建制度下最低階層的貴族。）

奇
- ㄑㄧˊ 奇怪、奇異、奇人。
- ㄐㄧ 奇數。

便
- ㄆㄧㄢˊ 便宜。
- ㄅㄧㄢˋ 方便、便利。

樂
- ㄌㄜˋ 樂趣、快樂。
- ㄧㄠˋ 仁者樂山，智者樂水。
- ㄩㄝˋ 音樂、樂器。

㈢相關的形聲字：

1.和「豪」有關的形聲字：

生「蠔」、溝「壕」、「嚎」啕大哭、「濠」雨成災。

2.和「痲」有關的形聲字：

「磨」刀、「摩」天大樓、「魔」鬼。

3.和「奇」有關的形聲字：

「崎」嶇、「奇」人、「騎」馬、「綺」麗。

(四)抖：

俏皮話：落水狗上岸—抖起來了。全身淋濕的小狗，一上岸，會不停抖動，把水珠抖掉。抖，有得意、神氣的意思。這是比喻原本不如意的人，因爲好運氣，變得很神氣的意思。

(五)騎：

繞口令：媽媽騎馬，馬慢，媽媽罵馬；妞妞騎牛，牛佞，妞妞擰牛。

解答參考

(一)A本習作：

1.寫一寫

(1)②①③

(2)①②③

(3)②①③

2.造句練習

(1)只要有太陽的日子，爸爸就會上山去賞鳥。

(2)雖然她又瘦又弱，但是做起事來，一點也不含糊。

(3)姊姊很用功，甚至該睡覺了也不肯休息。

(4)那件事已經處理完了，然而她一直不能忘懷。

3.寫出國字

(1)（豪） (2)（喘） (3)（樸） (4)（淡）

㈡ B本習作：

1.寫出詞語或短語

(1)（腳踏車　踩踏）

(2)（抖出眞相　抖動）

(3)（班上　全班　班師回朝　班長）

(4)（災禍　禍水　車禍　大禍）

(5)（不幸　三生有幸　幸運　幸好）

(6)（不准　准假　照准　准考證）

2.閱讀測驗

(2)（∨） (3)（∨） (5)（∨）

第四單元 觀察自然

觀察是學習中最重要的能力之一。到底我們要觀察什麼？要如何觀察？觀察對我們有什麼好處呢？本單元用第十課觀察自然，第十一課觀察糞金龜的昆蟲學家法布爾的觀察成果，以及第十二課買東西時要觀察很多重點，來告訴我們觀察的樂趣、方法和重要性。

觀察自然，讓我們知道大自然的美麗，人要有耐心，才能有觀察的收穫。昆蟲學家法布爾，他觀察是因爲好奇，經過探索，法布爾成爲世界知名的昆蟲家。買東西有學問，則是告訴我們日常生活也要有觀察的習慣，知道如何觀察，才可以生活快樂安心。

觀察的開始是好奇，過程是要有耐心，要詳細，結果是過快樂安心的生活！

十、觀察自然

教材說明

1. 本課的文體是記敘文。記敘作者和爸爸觀察大自然的開始，經過和結果。
2. 觀察大自然最重要的是要有耐心，才能欣賞到大自然中動態和靜態的各種生物之美。

教學重點

1. 語文活動中的對話練習：到河谷去玩，可以補充觀察自然的另一種方式。
2. 語文活動中認識句子，介紹了和「是」有關的句子。「是」，是一個動詞，連接成的句子有肯定句：就是，有轉折的句子：不是……而是、只是、但是；有並列的句子：不但是……也是、又是…又是；有疑問句、還是……。
3. 語文活動中介紹和「白」有關的形聲字。
4. 習作中介紹「般」、「寧」有關的形聲字。
5. 課中文用排比修辭的句子：清澈的小溪，廣闊的原野、神祕的池塘以及遠方的森林，全部展現在眼前。
6. 課文中使用頂眞的句子：這裡好安靜，安靜的大地，你……。
7. 使用關連副詞的轉折句：雖然……但；反而……。

教學建議

1. 語文補充中有五個字謎，可提供老師參考。
2. 「澈」和「徹」字有時可通用，請參考教學資料庫。
3. 有關「闊」字的歷史故事，饒富趣味，可講述給學生聽，增加趣味。

十一、昆蟲學家法布爾

教材說明	教學重點	教學建議
1.本課的文體是記敘文。記述法國的小學老師法布爾，專心研究昆蟲，成爲世界著名的昆蟲學家。 2.文章自然段有四小段。若分爲意義段，可分爲三大段。第一大段敘述喜歡研究的事實，第二大段敘述研究糞金龜的過程，第三大段，敘述研究的成果。	1.本課的小小劇本是糞金龜推糞球，可以做爲課文的補充教材。 2.語文活動特別說明排比法的特色和寫法。 3.語中的多音字，介紹了「藏」、「便」、「禁」、「掃」。 4.習作中介紹了和「相」字有關的形聲字。 5.本課閱讀測驗，也是補充觀察自然的教材。 6.使用「比喻法」和「誇大法」的句子：幼蟲勤勞得像時鐘，一刻也不休息。 7.使用「頂眞法」的句子：幼蟲怕空氣跑進糞球，會把大便變得又乾又硬，又乾又硬的大便，幼蟲就咬不動了。 8.使用關聯副詞：「由於……所以……」，成爲因果句。	1.語文補充中有六個猜字謎，可提供給學生，以激發學習興趣。 2.教學資料庫中的繞口令，猜謎語，都非常的有趣。

十二、買東西有學問

教材說明	教學重點	教學建議
1.本課的文體是說明文，說明買東西的方法。 2.文章分爲六個自然段，採總分分總的寫作方式。總說買東西要注意標示，接著分說：期限、外觀、成份、品牌，再總說買東西要小心觀察的重要性。	1.語文活動中的趣味對話，和買東西也有關係，是不錯的補充材料。 2.語文活動介紹形容詞，並且用一個測驗，讓學生了解形容詞可以靈活運用。 3.習作中介紹和「艮」有關的形聲。 4.閱讀測驗則配合課文出現「生活有方法」。 5.用連續的否定句來起頭，引起讀者的關心和注意。 6.使用假設句：即使……也……。對比句：小小的東西對照大大的學問。倒裝的否定句：你一點也輕忽不得。	1.教學資料庫中有六個猜字謎，可提供給老師參考使用。 2.教學指引中有語文遊戲：形容詞大賽，可幫助學生使用更豐富的詞彙。教師可以利用五個形容詞，進一步請學生練習寫百字的短文。

第十課 觀察自然

一、聆聽與說話

引起動機

(一)語文遊戲：就愛唱反調。

1.老師提出詞語，請學生說出意思相反的詞語。

2.學生依適當比例分組。

3.搶答計分，看哪一組獲勝。

4.題目參考：

長裙。眾多。分離。冷冷的。美麗。淡薄。簡單。便宜。無意。錯誤。更好。仔細。方便。痛苦。

光明。關門。有意思。甜蜜蜜。靜悄悄。

(二)小小劇場：誰最酷。

講述大意

(一)概覽課文：以默讀方式瀏覽課文一遍。

㈡提問問題以歸納大意：利用問題，指導學生歸納每一段的大意。

1.安靜的大地，可以看到什麼？聽到什麼？

2.要觀察到動物，必須怎麼做？

3.作者看到什麼動物？

4.作者觀察動物的心得是什麼？

㈢內容大意：綜合各段的段落意思，說出全課的內容大意。

安靜的大地非常美麗，要在大地中觀察動物必須耐著性子，作者看到了知更鳥、山豬，並且知道要有耐心才能觀察大自然。

二、閱讀與識字

詞語教學

㈠學生課前預習，畫出新詞，並查字典，了解新詞意思。

㈡學生上課時提出新詞，老師請學生試念，並指導正確的發音和寫法。

㈢老師詢問學生對詞語的了解，若有特殊的生字，也加以指導。

㈣詞義教學：

1.清澈：水很清。

例句：清澈的小溪，看得到小魚在游水。

2.小溪：山間的小河。

例句：我們在清可見底的小溪裡抓小魚。

3.廣闊：非常的大。

例句：廣闊的草原，是動物的家。

4.寧靜：安全，安靜。

例句：戰爭前的寧靜，讓人透不過氣。

5.全部：所有的，整個的。

例句：這是我全部的財產，我已經沒有別的東西了。

6.展現：表現出來。

例句：今天短跑比賽，他展現了實力，得到第一名。

7.合奏：一起吹彈樂器。

例句：他吹口琴，我彈鋼琴，我們合奏一曲好聽的歌曲。

8.協奏曲：由獨奏樂器與管弦樂隊合奏的樂曲。

例句：黃鶯的歌唱和大自然的風吹水流聲，合成一首協奏曲。

9.目前為止：到眼前這個時候。

例句：到目前為止，我還沒寫完功課。

10.附近：相離不遠。

例句：這附近有很多野狗，你要特別小心。

11.性子：個性，脾氣。

例句：媽媽的性子急，總是要我立刻把事情做完。

12.迫不及待：急得不能再等待。迫，緊急的意思。及，及時，立刻的意思。

例句：餓了一天，我看到食物，就迫不及待的大吃一頓。

13.寧可：對自己的選擇，表示非常堅定比較不利的項目。

例句：我寧可在家讀書，也不要去游泳。

14.驚奇：對發生的事覺得超過自己的想像。

例句：他在短時間內賺了那麼多錢，令人驚奇。

15.知更鳥：燕雀目的一種鳥。形狀、大小很像黃鶯。

16.地盤：個人具有特殊力量的地方。

例句：動物也有牠們活動的地盤，別的動物不可靠近。

17.山豬：住在山上的野生豬。

18.棚子：用木頭或竹搭成的架子或小屋。

例句：在草原上搭起草做的棚子，可以觀察動物。

19.屏住：忍住。

例句：在很多鬼故事中，都說屏住呼吸鬼才找不到。

20.嗅：用鼻子去聞。

例句：山上的空氣特別新鮮，你要用力嗅一嗅呀！

生字教學

1.學生課前預查字音、字意、部首。並寫在A本習作上。

2.本課生字：

①習寫字：

溪（水）部 闊（門）部 部（邑）部 展（尸）部 鳴（口）部

奏（大）部 協（十）部 止（止）部 附（阜）部 性（心）部

迫（辵）部 搭（手）部 偶（人）部 豬（豕）部

②認讀字：

驚（馬）部 澈（水）部 寧（宀）部 盤（皿）部 嗅（口）部 棚（木）部

3.辨別特殊生字：

①協：協的左邊是十，並是豎心。

②闊：國字標準字體將濶字廢除。

③展：學生會因「衣」的舊習慣，寫成展錯字。

④字形的結構說明：

大字：樸、摩、大、反、愈、靈（筆畫多，字形封閉的字）。

小字：止、小、寸、小（筆畫少，字形封閉的字）。
左小右大：溪、鳴、協、附、迫、搭、偶。
左大右小：部。

三、閱讀與寫作

內容深究

㈠ 提出問題，師生共同討論：

1. 文章理解的問題，參考前面歸納大意的問題。

2. 情意擴展問題：

①你有過感受寧靜的時候嗎？那是什麼事？你的感覺如何呢？
②你最有耐心的事是什麼事？你最不耐煩的事是什麼事？
③當你察覺你不耐煩的時候，你有改變的方法嗎？請說一說。

3. 文意探索問題：

①作者選擇什麼主題，作爲觀察自然的重點？
②觀察自然，在個性方面，先要準備什麼？
③作者如何觀察自然？

④作者透過一個觀察自然的活動，學會了什麼？

形式深究

㈠文體說明：

本課文體是記敘文：記敘觀察大自然的開始，經過和結果。

㈡段落安排：

1. 第一段：安靜的大地好美麗。
2. 第二段：爸爸要作者耐著性子，才能發現驚奇。
3. 第三段：爸爸和作者觀察到動物的情形。
4. 第四段：作者學會有耐心，才能觀察自然。

㈢結構分析：

主文
- 先說：一**開始**的觀察。
- 再說：觀察的**經過**
  - 學習耐心。
  - 觀察的方法。
- 後說：**結果**。作者學會耐心等待。

(四) 主旨：作者敘述觀察自然的樂趣與必備條件，來和讀者共勉。

(五) 修辭說明：

1. 排比法。

清澈的小溪，廣闊的原野，神祕的池塘，大片的田地和遠方的森林，全部展現眼前。

2. 轉折句。

①我的心**雖然**迫不急待，**但寧可**相信爸爸的話，隨時等待下一個驚奇。

②安靜的大地，你可以聽到風吹、鳥叫、蟲鳴，它們合奏出一首美麗的大自然協奏曲。

3. 頂真法。

這裡好**安靜**。**安靜**的大地，你……。

(六) 其他：

1. 語文活動介紹和「是」有關的句子。

2. 語文活動介紹和「白」有關的形聲字。

3. 習作介紹和「般」「寧」有關的形聲字。

四、教學資料庫

語文補充

㈠ 猜字謎：

1. 公雞趕走小鳥，就有水喝了（溪）
2. 心生害怕（性）
3. 口臭（嗅）
4. 十三個力（協）
5. 鳥嘴（鳴）

㈡ 多音字：

1. 更
   - ㄍㄥˋ 更加、更是。
   - ㄍㄥ 知更鳥。三更半夜。
2. 屏
   - ㄆㄧㄥˊ 屏風、屏東。
   - ㄅㄧㄥˇ 屏住呼吸，屏除。

㈢ 「澈」和「徹」字：

有時候可以通用。例如澈、通（徹）澈。但貫「徹」不能寫成貫澈，澄「澈」不能寫成澄「徹」。

㈣闊：

小故事：有一次，曹操命令部下造一座花園。花園落成後，曹操去看，不說好壞，只拿筆在門上寫了一個「活」字，大家都不明白。後來楊修看了說：「門內有一個『活』字，表示門太『闊』了，也就是門太寬了。」於是建花園的人，就將門改小了。

㈤部：

唱詩歌：「部」先生不喜歡耳朵長在右邊，「陪」先生不喜歡耳朵長在左邊；他們只好互相交換耳朵。於是，「部」先生就變成陪先生啦！「陪」先生就變成「部」先生啦！「鄰」先生是個隨和的人，他說我的耳朵長在那邊都可以。（馮輝岳）

㈥性：

諺語：「一個人，一個性，一個將軍一個令。」這句話是說，每一個人都有他自己獨特的個性。

㈦豬：

笑話：吃飯時，父親教訓兒子：「吃東西那麼大聲，像小豬一樣。」兒子：「哦！那一定是大豬沒有教他。」

豕就是豬，豕是古象形字，代表豬頭、身體、腳、尾巴。豕部有很多和豬有關的字。例：豚，小豬。豢，養豬。

解答參考

(一) A本習作：

1. 造句練習

(1)這本書以及那冊詩集，都是哥哥最珍惜的父親遺物。

(2)農夫揠苗助長想要更快收成穀物，反而欲速則不達，什麼也種不出來。

(3)爲了追求更傑出的學問，他寧可捨近求遠，到歐洲去留學。

2. 把錯字改爲對的字

(1)（及） (2)（托） (3)（協）

3. 填入適當的字

(1)（搬） (2)（盤） (3)（般） (4)（嚀） (5)（獰） (6)（濘）

(二) B本習作：

1. 寫出詞語或短語

(1)（山明水闊　交遊廣闊　寬闊　海闊天空）

(2)（部落　部分　部下　部長）

(3)（發展　開展　展現）

(4)（鳥鳴　蜂鳴器　耳鳴　鳴笛）

(5)（停止　止血　止痛　禁止）

(6)（生性　性情中人　性急　天性　男性）

2. 閱讀測驗

(2)（ˇ）　(3)（ˇ）

第十一課 昆蟲學家法布爾

一、聆聽與說話

引起動機

㈠語文遊戲：形容詞大賽。

1.老師提出名詞，請學生用任何的形容詞來形容。

2.將學生分成二組，二組對抗賽。

3.提出名詞後，輪流用形容詞回答，答不出者，敗。獲勝組可得一分。

4.舉例：汽車—豪華的、破爛的、帥氣的、超酷的、銀白色的……。

5.參考名詞：小溪、長裙、原野、池塘、森林、大地。

㈡小小劇場：到河谷去玩。

講述大意

㈠概覽課文：以默讀方式瀏覽課文一遍。

(二)提問問題以歸納大意：利用問題，指導學生歸納每一段的大意。

1. 法布爾是誰？

2. 法布爾爲什麼養金龜？

3. 糞金龜爲什麼要把大便的洞補起來？

4. 法布爾的觀察，有什麼成就？

(三)內容大意：綜合各段的段落意思，說出全課的內容大意。

法布爾喜歡研究昆蟲。有一天偶然看到糞金龜連吃十二個小時，大便將近三百公分長，於是開始研究糞金龜。他把觀察結果寫成書，成爲世界著名的昆蟲學家。

二、閱讀與識字

詞語教學

1. 法布爾（Jean-Henri Fabne, 1823-1915）：出生於法國南方的聖雷昂村裡。由於父母都是農民，法布爾的青少年時期是在貧困和艱難中渡過。爲了謀生，十四歲的法布爾就外出工作，曾在鐵路上做苦工。十九歲進了師範學校，畢業後當小學老師。他一面工作，一面自學。後來轉成中學老師，他經常帶領學生觀察、研究昆蟲。

2.研究：認眞追求事物的眞相、性質、規律等。

例句：科學家的研究精神、方法與態度最值得我們學習。

3.昆蟲：蟲的統稱，具有頭、胸、腹構造及六隻腳。

例句：你知道蜘蛛是不是昆蟲呢？

4.糞球：動物的排泄物成一個球狀。

5.金龜子：一種昆蟲，常見的包括金龜子、獨角仙、糞金龜。金龜子一般有植食性和糞食性兩種。糞食性的叫糞金龜。

6.令：使得。

例句：媽媽溫柔的眼神，令我難忘。

8.卵：鳥、蟲、魚的蛋。

例句：保育生態人士希望大家不要吃魚卵或小魚。

9.幼蟲：還沒成長的小蟲。

例句：糞金龜的幼蟲是害怕空氣還是害怕光線？

10.細孔：很小的洞。

例句：哥哥常常長青春痘，臉上的毛細孔就變粗了。

11.勤勞：努力工作，不怕辛苦。

例句：工人做工，農人種田，大家都非常勤勞。

12.時鐘：計算時間的器具。

例句：樹木是大自然的時鐘。

13.黑箱：收藏物品的器具。

例句：黑箱裡藏著什麼動物？

14.補洞：把破的洞修好。

例句：牆壁如果破了不補洞，老鼠就會跑進來。

15.乾脆：做事很快做決定，不會改來改去。

例句：你乾脆一次把飯吃完再做別的事吧！

16.玻璃：用白砂、石灰石、碳酸鈉等化學原料，所製成的化學物。

例句：水晶和玻璃看起來很像，但重量和亮度不同。

玻璃可以製成什麼產品？（玻璃紙、玻璃墊、玻璃瓶、玻璃杯、玻璃鞋、玻璃缸……）

生字教學

1.學生課前預查字音、字意、部首。並寫在A本習作上。

2.本課生字：

①習寫字：

研（石）部　究（穴）部　昆（日）部　糞（米）部　龜（龜）部

令（人）部　驚（馬）部　卵（卩）部　幼（幺）部　孔（子）部

補（衣）部　箱（竹）部　脆（肉）部　瓶（瓦）部

②認讀字

玻（玉）部　璃（玉）部　勤（力）部

三、閱讀與寫作

內容深究

㈠提出問題，師生共同討論：

1.文章理解的問題，參考前面的「歸納大意」的問題。

2.情意擴展的問題：

①你曾經對什麼事情產生過好奇？

②你曾經長期做一件事情，而一點都不覺得累？

3.文意探索問題：

①數一數，第一段有幾個字：最後一段有幾個字？

②爲什麼頭段、尾段的字都那麼少？（鳳頭：小而美麗。豹尾：簡短有力。）

③第二、三段都在敘述什麼事呢？

④爲什麼二、三段比頭、尾字數多這麼多呢？

（中間部分，屬豬肚；要充實豐富。）

形式深究

㈠ 文體說明：

本課的文體是記敘文，記敘法布爾喜歡觀察，投入研究後，成為世界著名的昆蟲學家。

㈡ 段落安排：

1. 第一段：法布爾喜歡研究昆蟲。
2. 第二段：法布爾找大便，是因為他要研究糞金龜。
3. 第三段：糞金龜忙著補大便的原因。
4. 第四段：法布爾成為名昆蟲學家。

㈢ 結構分析：

主文
- 先說—事實—法布爾喜歡研究昆蟲。
- 再說—過程
  - 找大便給昆蟲。
  - 不斷觀察研究。
- 後說—結果—法布爾成為世界著名的昆蟲學家。

(四) 主旨說明：

作者敘述法布爾專心研究後成爲昆蟲學家，增加讀者閱讀樂趣，及專心做事的動機。

(五) 修辭說明：

1. 比喻法。

幼蟲勤勞得像時鐘，一刻也不休息。

2. 誇大法。

一刻也不休息，是誇大的說法。事實上，幼蟲還是會休息。

3. 頂眞法。

幼蟲怕空氣跑進糞球，會把大便變得又乾又硬，又乾又硬的大便，幼蟲就咬不動了。

4. 因果句。

由於他需要很多糞便，所以小朋友還可以拿大便來和法布爾老師換糖吃呢！

(六) 其他：

1. 語文活動介紹「排比法」。

2. 習作中介紹「甫」、「相」有關的形聲字。

四、教學資料庫

語文補充

㈠猜字謎：

1. 九個洞穴。（究）
2. 太陽下比一比。（昆）
3. 米田共。（糞）
4. 用力把絲斷三根。（幼）
5. 竹子相看。（箱）
6. 尊敬馬市長。（驚）

㈡昆蟲：

昆蟲的身體分爲頭、胸、腹三部分。頭部有觸角、眼、口器；胸部有六隻腳；腹部有節，兩旁有氣孔，是牠們的呼吸器官。多數的昆蟲須經過卵、幼蟲、蛹、成蟲的發育過程。

㈢補：

諺語：「小孔不補，大孔叫苦」。這句話是說破洞還小很好補的時候，你不去補；等到大洞要補時，

會很困難。

㈣ 勤：

諺語：「勤是搖錢樹，儉是聚寶盆。」這句話是說：勤勞節儉可以創造累積財富。

笑話：有一個自稱有殺蟑螂祕方的人，他把藥包得緊緊的，大叫：殺蟑螂祕方便宜賣。有人買了他的藥，拆開一看，裡面只有一張紙條，寫著—勤抓。

㈤ 鐘：

俏皮話：廁所裡掛鐘—有始（屎）有終（鐘）。這是借用同音的字來說好玩的話。例句：媽媽對哥哥說，你這次工作，可要廁所裡掛鐘—有始有終啊！

繞口令：老董有只小鐘，小鐘有只鬧鐘。老董要拿小鐘換小董的鬧鐘，小董不拿鬧鐘換老董的小鐘。老董罵小董是小古董，小董罵老董是老古董。

㈥ 補：

繞口令：牆上掛面鼓，鼓上畫老虎，老虎抓破了鼓，拿塊布來補，不知是布補鼓，還是布補虎。

㈦ 玻璃：

猜一猜：①正方形，長方形，又薄又脆像塊冰。太陽照來不會化，裝在窗上亮晶晶。（猜一種物品—

玻璃）。

②看看沒有，摸摸倒有，像冰不化，像水不流。（猜一種物品—玻璃）

解答參考

㈠ A本習作：

1. 選一選

(1)我痛苦。

(2)廣闊的原野。

(3)白白的雲。

(4)溫柔的眼神。

2. 選一選

(1)（哺）　(2)（捕）　(3)（輔）　(4)（廂）　(5)（想）　(6)（相）

㈡ B本習作：

1. 寫出詞語或短語

(1)（令人老　軍令如山　雞毛當令箭）

(2)（洞孔　孔明　穿孔）

(3)（幼蟲　幼小　幼兒　幼稚）

(4)（縫補　補習　進補　補品）

(5)（玻璃箱　書箱　箱　鐵箱）

(6)（脆果子　香脆可口　脆餅）

2. 閱讀測驗

(3)（v）　(4)（v）

第十二課 買東西有學問

一、聆聽與說話

引起動機

(一)語文遊戲：形容詞大賽。

1.老師提出形容詞，請學生接名詞。

2.將學生分成二組，二組對抗。

3.提出形容詞後，請學生輪流用形容詞可形容的人、事、地、物。

4.形容詞詞語舉例：清澈的、廣闊的、寧靜的、遠方的、清淡的、老舊的、便宜的、豪華的、快速的、淡薄的、輕柔的、又乾又硬的。

(二)小小劇本：糞金龜推糞球。

講述大意

(一)概覽課文：以默讀方式瀏覽課文一遍。

(二) 提問問題以歸納大意：利用問題，指導學生歸納每一段的大意。

1. 東西的標示，有沒有保証效果；爲什麼？
2. 買東西最具體的是標示的哪一部分？
3. 買東西爲什麼要仔細的看物體的外表？
4. 看東西的成份標示有什麼困難？
5. 好的品牌有什麼好處？

(三) 內容大意：綜合各段的段落意思，說出全課的內容大意。

東西的標示不能百分之百的保證，買東西要注意東西的期限、外觀、成份、和品牌，要非常的小心。

二、閱讀與識字

詞語教學

1. 洗髮精：洗頭髮的一種清潔品。
   例句：我喜歡帶有綠草香味的洗髮精。
2. 保證：提出一定能實現的說法。

例句：我保證這次考試我一定會名列前茅。

3. 標示：用文字或記號表明。

例句：這瓶藥的成分和使用期限都標示不明。

4. 純果汁：成分不含雜質的果汁。

例句：我只喝媽媽親手現壓的純果汁。

5. 藥品：可以用來治病的東西。

例句：這裡有各種補藥的藥品，但是我都不敢吃。

6. 醫治：治病的意思。

例句：他的狗生病了，他會帶牠去給獸醫醫治。

7. 期限：限定的一段時期。

例句：老師給我們交作業的期限已經到了。

8. 負責：盡到自己應該完成的責任。

例句：這間商店完全由我一個人負責。

9. 廠商：開工廠製造貨物並且賣出的商人。

例句：這家製造狗食的廠商全面回收他們的產品。

10. 製造：把原料做成可以使用的物品。

例句：他故意製造怪聲讓大家哄堂大笑。

11. 藥到命除：吃了藥反而生命不保。

例句：他本想吃藥恢復健康，沒想到卻藥到命除，好令人悲傷。

12.脫線：線沒縫好掉落下來。

例句：他的衣服脫線了，露出身體。

13.起毛：衣服長出毛球。

例句：成份不純的綿、毛衣，容易起毛。

14.斑點：有雜點存在。

例句：這件衣服不小心沾上六醬油，已有一個很清楚的斑點。

15.檢查：直接用眼、手……等感覺器官來查看東西。

例句：他用手摸窗邊，檢查是否有灰塵。

16.判讀：看了某些資料，分辨事情的是非好壞。

例句：我們雖然收集很多資料但是要學會判讀資料是否可靠。

17.選一選：從多數中挑出自己要的。

例句：請你選一選，到底哪一件是你喜歡的。

18.輕忽不得：就是不得輕忽，不要不重視或不小心。

例句：大考時，你一定要小心答題，千萬輕忽不得。

生字教學

1.學生課前預查字音、字意、部首。並寫在A本習作上。

2.本課生字：

①習寫字：

保（人）部 證（言）部 標（木）部 治（水）部 注（水）部

限（阜）部 負（貝）部 責（貝）部 脫（肉）部 斑（玉）部

檢（木）部 查（木）部 陌（阜）部

②認讀字：

選（辵）部 汁（水）部 品（口）部 髮（髟）部

3.辨別特殊生字：

治和「治」不一樣。治是水部，有三點。

脫，「兌」，上面是「八」，不是「丷」。

三、閱讀與寫作

內容深究

㈠ 提出問題，師生共同討論：

1.文章理解的問題，參考前面歸納大意的問題。

2.情意擴展問題：

①你曾經買過什麼東西吃虧過？爲什麼？

②你吃虧時的心情如何？

③如果你是商人，你對你的產品會如何處理？

3.文意探索問題：

①文章的自然段（小段）共有幾段？

②文章的結構採取的是總、分、分、分、分、總的方式，如果請你歸納，你會歸納爲幾個意義段（大段）？

③第一段用否定句連續陳述，有什麼用意？（想用否定句來提醒、引起別人的注意力。）

④你一點也「輕忽不得」是倒裝的否定句，目的是變化句型，如果用肯定句替代，你會怎麼說？（你要特別小心。）

形式深究

㈠文體說明：

本課的文體是說明文，說明買東西的方法要注意期限、物品外觀、成份、品牌，才可以買到的東西。

㈡段落安排：

1.第一段：東西的標示，不一定可以得到百分百的保證。

2.第二段：東西過了期限很不好。

3. 第三段：觀察物品的外觀，也是選東西的重點。
4. 第四段：東西的成份很重要，但不容易判讀。
5. 第五段：有名的品牌比較有保證。
6. 第六段：東西要買得好，要用心。

(三) 結構分析：

全文
- 概括說（總說）—標示的**重要性**。
- 分—期限
- 分—外觀
- 分—成份
- 分—品牌
  （分—期限、外觀、成份、品牌）—標示的**項目**。
- 總說—買東西小心觀察，就會安心快樂。

(四) 主旨說明：

作者希望大家買東西時要用心，才會快樂安心。

(五) 修辭說明：

1. 否定句：

用「不保證」「不見得」的否定句型，來造成緊張的關係，引起讀者的關心和注意。

2.假設句：

即使是小小的東西，也有大大的學問。

3.對比句：

「小小的東西」對比「大大的學問」。

4.倒裝的否定句：

你一點也輕忽不得。可以改爲你一點也不得輕忽。改爲肯定句。你要特別留意，或你要特別小心。

(六)其他：

1.語文活動介紹形容的運用。

2.介紹和「艮」有關的形聲字。

四、教學資料庫

語文補充

(一)猜字謎：

1. 樹上貼一張票。（標）
2. 大屯山上的絲。（純）
3. 登高說大話。（証）
4. 臺灣水。（治）
5. 元旦去賞花木。（查）
6. 用刀把牛切一半。（判）

(二) 藥到病除：

笑話：小班對醫生說：「我父親吃了你開的藥，竟然死了，我要告你！」醫生：「他一定沒有照我的藥方指示吃藥。」「不！他完全照你的方法，吃了一個月，就死了！」小班回答。醫生說：「怪不得他會死，我告訴他要繼續吃半年才會藥到病除！」

解答參考

(一) A本習作

1. 造句練習

(1) 爸爸即使感冒發燒，也一定會趕去上班。
(2) 這棵大樹的高度，竟然有二十層樓高，眞是驚人。
(3) 由於弟弟今天玩得太累，所以他一回家立刻倒頭就睡。

2. 選一選

(1)（恨） (2)（根） (3)（跟） (4)（痕） (5)（限） (6)（退）

㈡ B本習作

1. 寫出詞語或短詞

(1)（保人 保全 保母 做保）

(2)（證明 證人 證詞 作證）

(3)（標示 標語 標明 地標）

(4)（純羊毛 單純 純眞 清純）

(5)（注水 注意 注定 注重）

(6)（脫水 脫線 脫毛 脫逃）

2. 閱讀測驗

(1)（②） (2)（②）

Memo

Memo

Memo

Memo

國家圖書館出版品預行編目資料

(全新版)華語教學指引/蘇月英總主編. --臺初版. --臺北縣新店市:流傳文化, 民93
冊; 公分

ISBN 986-7397-08-8(第7冊:平裝)

1.中國語言 - 讀本

802.85　　93003024

【全新版】華語教學指引第七冊

總 主 編:蘇月英
編撰委員:蘇月英、李春霞、胡曉英、詹月現、蘇 蘭
吳建衛、夏婉雲、鄒敦怜、林麗麗、林麗眞
指導委員:信世昌、林雪芳
總 編 輯:張瀞文
責任編輯:謝青秀
封面設計:陳美霞
發 行 人:曾高燦
出版發行:流傳文化事業股份有限公司
地　　址:台北縣(231)新店市復興路43號4樓
電　　電:(02)8667-6565
傳　　眞:(02)2218-5221
郵政劃撥:19423296
http://www.ccbc.com.tw
E-mail:service@ccbc.com.tw
香港分公司◎集成圖書有限公司一香港皇后大道中283號聯威商業中心8字樓C室
TEL:(825)23886172-3・FAX:(825)23886174
美國辦事處◎中華書局一135-29 Roosevelt Ave. Flushing, NY 11354 U.S.A.
TEL:(718)3533580・FAX:(718)3533498
日本經銷商◎光儒堂一東京都千代田區神田神保町一丁目五六番地
TEL:(03)32914311・FAX:(03)32914345

出版日期:西元2006年3月臺初版三刷(50043)
印　　刷:世新大學出版中心

分類號碼:802.85.026
ISBN 986-7397-08-8

定價:110元